Bibliografische Information der Deutschen Bibliothek

Autor und Hrsg.: Bernhard Marxen

Allgemeine Statuten des Vereins durchsichtige Parteien

Satzung - Geschäftsordnung - Grundsatzprogramm

ISBN 978-3-9817739-5-8

Neue - gemeinnützige - Version 2016 (leicht verändert 2017)

Ethos-Verlag (im Verein durchsichtige Parteien (VdP e.V.))
Postfach 1103
D-21231 Buchholz i. d. N.

Internet: www.ethos-verlag.de

Herstellung: Books on Demand GmbH
D-22848 Norderstedt

Mustersatzung für einen gemeinnützigen Verein e. V.

Satzung des Vereins durchsichtige Parteien

§ 1 NAME, SITZ, GESCHÄFTSJAHR, AUFBAU

§ 1 Nr. 1 Der Verein führt den Namen „Harburger Kreisverein durchsichtige Parteien e. V.", mit der Abkürzung VdP e. V. Er ist in das Vereinsregister beim Amtsgericht Tostedt unter der Nr. 1478-8, VR 1323 eingetragen und beantragt den Status „gemeinnütziger Verein".

§ 1 Nr. 2 Der Verein wurde am 31. August 1989 errichtet. Sein Sitz ist Buchholz in der Nordheide.

§ 1 Nr. 3 Der Verein ist politisch, rassistisch und konfessionell neutral.

§ 1 Nr. 4 Das Geschäftsjahr des Vereins ist das Kalenderjahr.

§ 1 Nr. 5 Der Verein verfolgt ausschließlich und unmittelbar gemeinnützige Zwecke im Sinne des Abschnitts „Steuerbegünstigte Zwecke" der Abgabenordnung.

*

Aufbau des Vereins (vom Verein zum Verband)

§ 1 Nr. 6 Der Verein soll neben den noch zu gründenden gleichrangigen Kreisvereinen im Regierungsbezirk Lüneburg zur untergeordneten Gliederung des noch zu gründenden „LÜNEBURGER BEZIRKSVERBANDS DURCHSICHTIGE PARTEIEN" gehören, der wiederum neben den noch zu gründenden gleichrangigen Bezirksverbänden zur untergeordneten Gliederung des noch zu gründenden „NIEDERSÄCHSISCHEN LANDESVERBANDS DURCHSICHTIGE PARTEIEN" gehören soll. Dasselbe soll für die anderen Landesverbände gelten, die gleichrangig die untergeordneten Gliederungen des noch zu gründenden „BUNDESVERBANDS DURCHSICHTIGE PARTEIEN" darstellen sollen.

§ 1 Nr. 7 Die Satzungen und Geschäftsordnungen der je gleichrangigen VEREINE/VERBÄNDE eines Bundeslandes sollen nicht voneinander abweichen. Das Grundsatzprogramm soll für alle Vereine/Verbände einheitlich gelten.

§ 1 Nr. 8 Der Verein/Verband soll dem „Schnitt" durch die berufstätige Bevölkerung entsprechen. Das heißt, in jedem Verein/Verband soll das Berufsprofil seiner Mitglieder mit dem der Gesamtbevölkerung etwa übereinstimmen (siehe § 3 Buchstabe c).

§ 1 Nr. 9 Die Zusammensetzung des Vereins/Verbands soll von gewählten Kontrollkommissionen jährlich überprüft werden.

*

§ 2 ZWECK, AUFGABE, ZIEL

§ 2 Nr. 1 Die gesetzgebenden Parlamente sind kein „Schnitt" durch die berufstätige Bevölkerung: beruflich sind sie einseitig aufgebaut. Laut Grundgesetz (GG) gilt das Gleichheitsprinzip, das neben der Gleichheit der Rechtsanwendung auch die Gleichheit der Rechtssetzung (Gleichheit der Gesetzgebung) fordert, was mangelhaft eingelöst worden ist. Gewiesen sei diesbezüglich auf die Artikel 1(3); 3 GG, aus denen der Zweck des Vereins sich herleitet.

§ 2 Nr. 2 Insbesondere soll die Gleichheit der Gesetzgebung gefördert werden, was sich über politische Parteien verwirklichen lässt: Die Mängel der Gesetzgebung sind die Mängel der politischen Parteien!

§ 2 Nr. 3 Zweck des Vereins ist die Förderung von innerparteilicher Demokratie und politischer Bildung allgemein.

***Der Satzungszweck wird verwirklicht**:*

a) Die politischen Parteien werden sowohl funktionell als auch personell durchsichtig dargestellt - insbesondere die Parlamentsparteien. Dazu gehören zum einen die Statuten der Parteien sowie die rechtlichen Grundlagen, auf denen das politische System der BRD aufgebaut ist,

b) zum anderen gehören dazu die vollständigen Daten über Amt und Mandat der von Parteien gewählten Personen sowie die personenbezogenen Daten dieser Personen, soweit das „Bundesdatenschutzgesetz", das voll auszuschöpfen ist, dies erlaubt,

c) die Rechtsgrundlagen und Arbeitsweisen der politischen Parteien werden vereinfacht dargestellt und der politisch interessierten Öffentlichkeit dargeboten,

d) der funktionelle und personelle Aufbau der politischen Partei und insbesondere die Wichtigkeit der Delegiertenwahl werden den Parteimitgliedern deutlich vor Augen geführt,

e) die sich ändernden Informationen über Aufbau und Arbeitsweise der Parlamentsparteien werden vom Verein gesammelt, nach einheitlichem Schema geordnet und den Parteimitgliedern sowie der politisch interessierten Öffentlichkeit dargeboten (gemäß Datenschutzgesetz),

f) Zweck, Aufgabe, Ziel der Vereinsarbeit sind von formaler und parteiübergreifender Art. Während der Vereinsarbeit dürfen parteipolitische Inhalte nicht berührt werden!

§ 2 Nr. 4 Der Verein ist selbstlos tätig; er verfolgt nicht in erster Linie eigenwirtschaftliche Zwecke.

§ 2 Nr. 5 Mittel des Vereins dürfen nur für die satzungsgemäßen Zwecke verwendet werden. Die Mitglieder erhalten keine Zuwendungen aus Mitteln des Vereins.

§ 2 Nr. 6 Es darf keine Person durch Ausgaben, die dem Zweck der Körperschaft fremd sind oder durch unverhältnismäßig hohe Vergütungen begünstigt werden.

§ 2 Nr. 7 Ehrenamtlich tätige Personen haben nur Anspruch auf Ersatz nachgewiesener Auslagen.

Zu § 1 Nr. 6 bis 9 (vom Verein zum Verband)

Zweck, Aufgabe, Ziel des Vereins/Verbands sind die Förderung von innerparteilicher Demokratie und politischer Bildung allgemein.

Der Satzungszweck soll langfristig verwirklicht werden:

a) Die Partei- und Ministerämter sollen von den Parlamentsmandaten weitgehend getrennt sein,

b) die Verweildauer der Abgeordneten in den gesetzgebenden Parlamenten soll in der Regel auf zwei Legislaturperioden (8 Jahre) begrenzt sein. Für amtierende Landesminister, Landesministerpräsidenten, Bundesminister,

Kanzler und Bundespräsidenten sowie für die gleichgroße Zahl der dafür gewählten Kandidaten der Oppositionsparteien soll die Verweildauer höchstens insgesamt vier Legislaturperioden (16 Jahre) betragen,

c) wesentliches Auswahlkriterium für alle Amts- und Mandatskandidaten soll deren Erwerbsarbeit bzw. Berufsgruppenzugehörigkeit vor Amts- bzw. Mandatsantritt sein,

d) in den gesetzgebenden Parlamenten sollen Abgeordnete aus allen Berufsgruppen der Bevölkerung - nach etwa denselben Prozentanteilen wie in der Bevölkerung - vertreten sein (bei etwa gleichstarker Verteilung der Geschlechter). Entsprechend sollen auch die Parteiämter besetzt werden. Die Berufsgruppenaufteilung soll dem Tarifklassensystem des Öffentlichen Dienstes angepasst sein (vier Tarifklassen),

e) der Fraktionszwang, der entgegen Art. 38 Grundgesetz praktiziert wird, soll thematisiert und zurückgedrängt werden, ebenso der Lobbyismus.

Das Vereins-/Verbandsziel soll langfristig verwirklicht werden:

a) durch standardisierte und miteinander verbundene Vereinsbüros, in denen nach standardisierter Problemstellung und computergestützt gearbeitet wird,

b) durch Kontakt und Zusammenarbeit mit den Parlamentsparteien, aber auch mit anderen politisch-demokratischen Vereinigungen und Trägern politischer Bildung,

c) durch Empfehlung formaler Art an die einzelnen Parteimitglieder, bei der Wahl von Delegierten, Parteiamtsträgern und Mandatskandidaten möglichst seinesgleichen / ihresgleichen zu wählen - bezüglich Berufsgruppe und Geschlecht,

d) durch Beratung und Unterstützung von gewünschten Parteiamtsträgern und Mandatskandidaten,

e) durch Publikationen über den jeweiligen personellen Aufbau der gesetzgebenden Parlamente und Parlamentsparteien sowie deren Arbeitsweisen (Ethos-Verlag),

f) durch Angebot und Durchführung von Seminaren zur politischen Bildung,

g) durch Forderung und Einrichtung einer vom Staat zu finanzierenden Parteienhochschule für fähige und sich verdientgemachte Parteimitglieder (mit mindestens zweijähriger Studienzeit bei voller beruflicher und finanzieller Absicherung),

h) durch Forderung und Einrichtung von lehrplan- und lernzielbezogenen Einführungsseminaren für die neu ins Parlament eintretenden Abgeordneten (zwecks verzugsfreier Parlamentsarbeit und erfolgreicher Zusammenarbeit mit der Ministerialbürokratie).

Die Vereins-/Verbandsarbeit richtet sich insbesondere:

a) gegen eine zunehmende Vereinigung von Parteiamt und Parlamentsmandat,

b) gegen eine überlange Verweildauer der Abgeordneten in den gesetzgebenden Parlamenten (Lebenszeitabgeordnete),

c) gegen einen einseitigen Aufbau der gesetzgebenden Parlamente - hinsichtlich aller Berufsgruppen der Bevölkerung (vier Berufsgruppen),

d) gegen den praktizierten Fraktionszwang und Lobbyismus!

Der Verein/Verband soll zweiseitig arbeiten:

a) Neben der politischen Arbeit in der BRD sollen Entwicklungsprojekte in armen Ländern gefördert werden (vor allem in Afrika). Diese Entwicklungsarbeit soll möglichst über gemeinnützige Organisationen laufen, die schon länger in Entwicklungsländern arbeiten, z. B. Brot für die Welt (protestantisch), Misereor (katholisch), terre des hommes (kirchenunabhängig).

§ 3 Erwerb der Mitgliedschaft

a) Jede natürliche und juristische Person kann Mitglied des Vereins werden, jedoch unter Vorbehalten,

b) als Mitglied kann aufgenommen werden, wer sich zum Zweck, zur Aufgabe und zum Ziel des Vereins bekennt und wer zur Mitarbeit und Übernahme von Verantwortung im Verein bereit ist,

c) die Aufnahme in den Verein richtet sich nach dem Berufsprofil der gesamten Bevölkerung (siehe § 1 Nr. 8; § 2 Nr. 1; § 2 Nr. 3, Buchstabe f),

d) Anträge zur Aufnahme sind schriftlich an den Vorstand des Vereins zu richten, der über die Aufnahme mit einfacher Stimmenmehrheit der Vorstandsmitglieder entscheidet,

e) Mitglied ist nur, wer am Sitz des Vereins gemeldet ist.

§ 4 Rechte des Mitgliedes

Das Mitglied ist berechtigt:

a) als Parteimitglieder in zugelassenen politischen Parteien zu arbeiten,

b) das aktive und passive Wahlrecht zu praktizieren,

c) an Veranstaltungen und Bildungsangeboten des Vereins teilzunehmen,

d) Einrichtungen des Vereins zu nutzen.

§ 5 Pflichten des Mitgliedes

Das Mitglied ist verpflichtet:

a) sich für Demokratie und innerparteiliche Demokratie einzusetzen,

b) das Leben des Vereins mitzutragen, sich für Zweck, Aufgabe, Ziel des Vereins einzusetzen und diese zu fördern,

c) sich während der Vereinsarbeit neutral und formal zu verhalten, *d. h. parteipolitische Inhalte nicht zu berühren!*

§ 6 Beendigung der Mitgliedschaft

Die Mitgliedschaft endet:

a) mit dem Tod des Mitglieds,
b) durch freiwilligen Austritt,
c) durch Streichung von der Mitgliederliste,
d) durch Ausschluss aus dem Verein.

Der freiwillige Austritt erfolgt durch schriftliche Erklärung gegenüber einem Mitglied des Vorstands. Er ist nur zum Schluss eines Kalenderjahres unter Einhaltung einer Kündigungsfrist von drei Monaten zulässig.

Ein Mitglied kann durch Beschluss des Vorstands von der Mitgliederliste gestrichen werden, wenn es trotz zweimaliger Mahnung mit der Zahlung des Beitrags im Rückstand ist. Die Streichung ist dem Mitglied schriftlich mitzuteilen.

Ein Mitglied kann, wenn es seine Pflichten nicht befolgt hat (insbesondere § 5, Buchstabe c), durch Beschluss der Mitgliederversammlung aus dem Verein ausgeschlossen werden. Vor der Beschlussfassung ist dem Mitglied Gelegenheit zu geben, sich persönlich zu rechtfertigen. Eine etwaige schriftliche Stellungnahme des Betroffenen ist in der Mitgliederversammlung zu verlesen.

§ 7 Mitgliedsbeiträge

Von den Mitgliedern werden Beiträge erhoben. Die Höhe des Jahresbeitrages und dessen Fälligkeit werden von der Mitgliederversammlung bestimmt.

Ehrenmitglieder sind von der Beitragspflicht befreit.

§ 8 Die Organe

Vereinsorgane sind:

a) der Vorstand,
b) die Mitgliederversammlung,
c) der Ethos-Verlag.

§ 9 Der Vorstand

Der Vorstand i. S. d. § 26 BGB besteht aus:

a) dem 1. Vorsitzenden,
b) dem 2. Vorsitzenden,
c) dem Schriftführer,
d) dem Kassenwart.

Der Verein wird gerichtlich und außergerichtlich jeweils durch zwei Mitglieder des Vorstandes gemeinschaftlich vertreten.

Die Vereinigung mehrerer Vorstandsämter in einer Person ist unzulässig.

§ 10 Amtsdauer des Vorstands

Der Vorstand wird von der Mitgliederversammlung auf die Dauer von zwei Jahren, vom Tage der Wahl an gerechnet, gewählt. Er bleibt jedoch bis zur Neuwahl des Vorstandes im Amt. Die Mitglieder des alten Vorstandes können wiedergewählt werden.

Scheidet ein Mitglied des Vorstandes während der Amtsperiode aus, so wählt der Vorstand ein Ersatzmitglied (aus den Reihen der Vereinsmitglieder) für die restliche Amtsdauer des Ausgeschiedenen.

§ 11 Beschlussfassung des Vorstands

Der Vorstand fasst seine Beschlüsse im Allgemeinen in Vorstandssitzungen, die vom 1. Vorsitzenden oder vom 2. Vorsitzenden schriftlich, fernmündlich oder telegrafisch einberufen werden. In jedem Fall ist eine Einberufungsfrist von drei Tagen einzuhalten. Einer Mitteilung der Tagesordnung bedarf es nicht. Der Vorstand ist beschlussfähig, wenn mindestens zwei Vorstandsmitglieder, darunter der 1. Vorsitzende oder der 2. Vorsitzende, anwesend sind. Bei Beschlussfassung entscheidet die Mehrheit der abgegebenen gültigen Stimmen. Bei Stimmengleichheit entscheidet die Stimme des Leiters der Vorstandssitzung.

Die Vorstandssitzung leitet der 1. Vorsitzende, bei dessen Abwesenheit der 2. Vorsitzende. Die Beschlüsse des Vorstands sind zu Beweiszwecken zu protokollieren und vom Sitzungsleiter zu unterschreiben.

Ein Vorstandsbeschluss kann auf schriftlichem Wege oder fernmündlich gefasst werden, wenn alle Vorstandsmitglieder ihre Zustimmung zu der zu beschließenden Regelung erklären.

§ 12 Die Mitgliederversammlung

In der Mitgliederversammlung hat jedes anwesende Mitglied - auch jedes Ehrenmitglied - eine Stimme.

Die Mitgliederversammlung ist insbesondere für folgende Angelegenheiten zuständig:

a) Entgegennahme des Jahresberichtes des Vorstandes; Entlastung des Vorstandes,

b) Festsetzung der Höhe und der Fälligkeit des Jahresbeitrages,

c) Wahl und Abberufung der Mitglieder des Vorstandes,

d) Beschlussfassung über die Änderung der Satzung und über die Auflösung des Vereins,

e) Ernennung von Ehrenmitgliedern.

§ 13 Die Einberufung der Mitgliederversammlung

Mindestens einmal im Jahr, möglichst im letzten Quartal, soll die ordentliche Mitgliederversammlung stattfinden. Sie wird vom Vorstand unter Einhaltung einer Frist von zwei Wochen durch schriftliche Benachrichtigung unter Angabe der Tagesordnung einberufen. Die Frist beginnt mit dem auf die Absendung der Einladung folgenden Werktages. Das Einladungsschreiben gilt als dem Mitglied zugegangen, wenn es an die letzte vom Mitglied dem Verein schriftlich bekannt gegebene Adresse gerichtet ist. Die Tagesordnung setzt der Vorstand fest.

§ 14 Die Beschlussfassung der Mitgliederversammlung

Die Mitgliederversammlung wird vom 1. Vorsitzenden, bei dessen Verhinderung vom 2. Vorsitzenden oder einem anderen Vorstandsmitglied geleitet. Ist kein Vorstandsmitglied anwesend, bestimmt die Versammlung einen Leiter.

Das Protokoll wird vom Schriftführer geführt. Ist dieser nicht anwesend, bestimmt der Versammlungsleiter einen Protokollführer.

Die Art der Abstimmung bestimmt der Versammlungsleiter. Die Abstimmung muss schriftlich durchgeführt werden, wenn ein Drittel der bei der Abstimmung anwesenden stimmberechtigten Mitglieder dies beantragt.

Die Mitgliederversammlung ist nicht öffentlich. Der Versammlungsleiter kann Gäste zulassen. Über die Zulassung der Presse, des Rundfunks und des Fernsehens beschließt die Mitgliederversammlung.

Jede ordnungsgemäß einberufene Mitgliederversammlung ist unabhängig von der Zahl der Erschienenen beschlussfähig.

Die Mitgliederversammlung fasst Beschlüsse im Allgemeinen mit einfacher Mehrheit der abgegebenen gültigen Stimmen; Stimmenthaltungen bleiben daher außer Betracht. Zur Änderung der Satzung (einschließlich des Vereinszweckes) ist jedoch eine Mehrheit von drei Viertel der abgegebenen gültigen Stimmen, zur Auflösung des Vereins eine solche von vier Fünftel erforderlich.

Für die Wahlen gilt Folgendes: Hat im ersten Wahlgang kein Kandidat die Mehrheit der abgegebenen gültigen Stimmen erreicht, findet eine Stichwahl zwischen den Kandidaten statt, welche die beiden höchsten Stimmzahlen erreicht haben.

Über die Beschlüsse der Mitgliederversammlung ist ein Protokoll aufzunehmen, das vom jeweiligen Versammlungsleiter und dem Protokollführer zu unterzeichnen ist. Es soll folgende Feststellungen enthalten: Ort und Zeit der Versammlung, die Person des Versammlungsleiters und des Protokollführers, die Zahl der erschienenen Mitglieder, die Tagesordnung, die einzelnen Abstimmungsergebnisse und die Art der Abstimmung. Bei Satzungsänderungen ist die zu ändernde Bestimmung anzugeben.

§ 15 Nachträgliche Anträge zur Tagesordnung

Jedes Mitglied kann bis spätestens eine Woche vor dem Tag der Mitgliederversammlung beim Vorstand schriftlich beantragen, dass weitere Angelegenheiten nachträglich auf die Tagesordnung gesetzt werden. Der Versammlungsleiter hat zu Beginn der Mitgliederversammlung die Tagesordnung entsprechend zu ergänzen. Über die Anträge auf Ergänzung der Tagesordnung, die erst in der Mitgliederversammlung gestellt werden, beschließt die Mitgliederversammlung. Zur Annahme des Antrages ist eine Mehrheit von drei Viertel der abgegebenen gültigen Stimmen erforderlich. Satzungsänderungen, die Auflösung des Vereins sowie die Wahl und Abberufung von Vorstandsmitgliedern können nur beschlossen werden, wenn die Anträge den Mitgliedern mit der Tagesordnung angekündigt worden sind.

§ 16 Außerordentliche Mitgliederversammlung

Der Vorstand kann jederzeit eine außerordentliche Mitgliederversammlung einberufen. Diese muss einberufen werden, wenn das Interesse des Vereins es erfordert oder wenn die Einberufung von einem Zehntel aller Mitglieder schriftlich unter Angabe des Zwecks und der Gründe vom Vorstand verlangt wird. Für die außerordentliche Mitgliederversammlung gelten die §§ 12, 13, 14 und 15 entsprechend.

§ 17 DER VERLAG DES VEREINS (Ethos-Verlag)

Der Ethos-Verlag ist gemeinnützig, jedoch geschäftlich unabhängig und eigenständig. Er hat die Gründung des Vereins ermöglicht und soll den Verein weiter unterstützen, hin zu einem Verband. Er vertritt und bewahrt den Zweck und die Aufgabe des Vereins/Verbands, auch wenn diese aufgelöst worden sind.

Mögliche Gewinne, die vom Ethos-Verlag erwirtschaftet worden sind, sollen weiterhin gemeinnützig verwendet werden, unterliegen aber nicht der Auflösungsvorschrift des Vereins (dem § 18).

§ 18 AUFLÖSUNG DES VEREINS UND ANFALLBERECHTIGUNG

§ 18 Nr. 1 Die Auflösung des Vereins kann nur in einer Mitgliederversammlung mit der im § 14 festgelegten Stimmenmehrheit beschlossen werden. Sofern die Mitgliederversammlung nichts anderes beschließt, sind der 1. Vorsitzende und der 2. Vorsitzende gemeinsam vertretungsberechtigte Liquidatoren. Die vorstehenden Vorschriften gelten entsprechend für den Fall, dass der Verein aus einem anderen Grund aufgelöst wird oder seine Rechtsfähigkeit verliert.

§ 18 Nr. 2 Bei Auflösung des Vereins oder bei Wegfall steuerbegünstigter Zecke fällt das Vermögen des Vereins (ohne das des Ethos-Verlags) an das Hospiz in Buchholz in der Nordheide, das es unmittelbar und ausschließlich für gemeinnützige, mildtätige oder kirchliche Zwecke zu verwenden hat.

Die vorstehende Satzung wurde in der Mitgliederversammlung (bzw. Gründungsversammlung) vom verabschiedet bzw. errichtet.

Buchholz i. d. N., den

(bei Gründung mindestens sieben Unterschriften)

Geschäftsordnung des Vereins durchsichtige Parteien

§ 1 Einberufung

(1) Der Vorstandsleiter beruft gemäß Satzung die Mitgliederversammlungen und Vorstandssitzungen ein, im Fall seiner Verhinderung der vom Vorstand dazu benannte Vertreter.

(2) Der Ladung sind die Tagesordnung, etwaige Erläuterungen und vorliegende Anträge beizufügen. Erläuterungen und Anträge können gemäß Satzung vor der Mitgliederversammlung oder Vorstandssitzung nachgereicht werden.

§ 2 Mitgliederversammlung und Vorstandssitzung

(1) Der regelmäßige Verlauf ist folgender:

a) Eröffnung der Versammlung oder Sitzung,

b) Feststellung der ordnungsgemäßen Ladung und Anwesenheit der Vorstandsmitglieder; fehlende Vorstandsmitglieder sind namentlich bekanntzugeben; dabei ist festzustellen, ob sie entschuldigt oder unentschuldigt ferngeblieben sind,

c) Feststellung der Beschlussfähigkeit,

d) Feststellung der Tagesordnung,

e) Genehmigung der Niederschrift der letzten Mitgliederversammlung oder Vorstandssitzung,

f) Bekanntgabe wichtiger Mitteilungen aus anderen Vereinen oder Verbandsgliederungen und ggf. Beratung und Beschlussfassung hierüber,

g) Entgegennahme von Fach- und Rechenschaftsberichten,

h) Behandlung von Anträgen, einschließlich etwaiger Dringlichkeitsanträgen,

i) Behandlung von Anfragen und Anregungen,

j) Schließung der Mitgliederversammlung oder Vorstandssitzung.

(2) Die Beschlüsse der Mitgliederversammlung oder Vorstandssitzung sind bis zum Ende der Mitgliederversammlung oder Vorstandssitzung schriftlich festzulegen. Wird kein Widerspruch erhoben, so sind die entsprechenden Personen ermächtigt, die gefassten Beschlüsse unverzüglich auszuführen.

§ 3 Sachanträge

(1) Anträge auf Behandlung einzelner Gegenstände durch die Mitgliederversammlung oder den Vorstand sind schriftlich zu stellen.

(2) Anträge können nur auf die Tagesordnung gesetzt werden, wenn sie mindestens eine Woche vor der Mitgliederversammlung bzw. der Vorstandssitzung dem Vorstandsleiter zugeschickt wurden. Während der Mitgliederversammlung oder Vorstandssitzung können Zusatzanträge gestellt werden - gemäß Satzung.

(3) Der Vorstandsleiter kann verlangen, dass mündlich gestellte Anträge schriftlich vorgelegt werden. Hält der Vorstandsleiter einen Antrag für unzulässig, so kann er vorweg über die Zulässigkeit abstimmen lassen.

§ 4 Dringlichkeitsanträge

(1) Dringlichkeitsanträge müssen vor Eintritt in die Tagesordnung gestellt werden. Wird die Dringlichkeit des Antrages anerkannt, so ist der Antrag auf die Tagesordnung zu setzen.

§ 5 Anträge zur Geschäftsordnung

(1) Jedes Mitglied oder Vorstandsmitglied kann während der Mitgliederversammlung bzw. Vorstandssitzung Anträge zur Geschäftsordnung stellen. Hierzu gehören insbesondere Anträge auf

a) Schluss der Debatte,

b) Schluss der Rednerliste,

c) Vertagung,

d) Verweisung an eine Arbeitsgruppe,

e) Unterbrechung der Sitzung,

f) Absetzung von der Tagesordnung.

(2) Auf einen Antrag zur Geschäftsordnung gibt der Vorstandsleiter dem Antragsteller das Wort zur Begründung. Nachdem ein zweiter Redner gegen den Antrag zu sprechen Gelegenheit hatte, wird über den Antrag abgestimmt.

(3) Anträge auf Schluss der Debatte können nur von Mitgliedern gestellt werden, die zu dem Punkt, für den der Schlussantrag gestellt ist, noch nicht gesprochen haben.

§ 6 Zurücknahme von Anträgen

(1) Anträge können bis zur Abstimmung vom Antragsteller jederzeit zurückgenommen werden.

§ 7 Redeordnung

(1) Reden soll nur, wer das Wort vom Vorstandsleiter erhalten hat. Wortmeldungen erfolgen durch Handaufheben. Der Vorstandsleiter erteilt das Wort in der Reihenfolge der Wortmeldungen, bei gleichzeitiger Wortmeldung nach pflichtgemäßem Ermessen.

(2) Bei Wortmeldungen „Zur Geschäftsordnung" ist das Wort außerhalb der Reihenfolge zu erteilen, sobald der jeweilige Redner seine Ausführungen beendet hat.

(3) Will der Vorstandssprecher selbst zur Sache sprechen, so hat er auf Verlangen seinem Stellvertreter den Vorsitz zu übergeben.

(4) Antragstellern und Fachberichtserstattern ist auf Verlangen am Schluss der Beratung das Wort zu erteilen.

(5) Jedes Mitglied sollte zu jedem Tagesordnungspunkt höchstens zweimal sprechen. Darüber hinaus ist das Wort zu erteilen:

a) bei Wortmeldungen „Zur Geschäftsordnung",

b) zur persönlichen Erwiderung oder Erklärung.

(6) Persönliche Erklärungen sind nur am Schluss der Debatte oder einer Abstimmung zulässig.

(7) Die Redezeit beträgt - außer bei Berichterstattungen - höchstens fünf Minuten.

(8) Der Vorstandssprecher hat das Recht, einem Redner das Wort zu entziehen, und zwar insbesondere dann, wenn dieser gegen die Geschäftsordnung verstößt.

§ 8 Beratung

(1) Während der Beratung eines Antrages sind nur folgende Anträge zulässig:

a) Anträge zur Geschäftsordnung,

b) Änderungsanträge,

c) Zurücknahme von Anträgen.

§ 9 Abstimmungen

(1) Abgestimmt wird, nachdem der Vorstandsleiter die Beratung für beendet erklärt hat. Während einer Abstimmung können keine weiteren Anträge gestellt werden. Vor der Abstimmung ist der Antrag im Wortlaut zu verlesen. Der Vorstandsleiter entscheidet über die Reihenfolge der Abstimmung bei mehreren Anträgen zum gleichen Gegenstand, wobei in der Regel über den weitergehenden Antrag zuerst abgestimmt werden muss. Anträge zur Geschäftsordnung haben immer den Vorrang.

(2) Abgestimmt wird durch Erheben der Hand, im Zweifelsfall durch Aufstehen.

(3) Ein Antrag ist angenommen, wenn die einfache Mehrheit der Anwesenden zustimmt. Bei Stimmengleichheit ist der Antrag abgelehnt. Bei der Auszählung der Stimmen werden Enthaltungen und ungültige Stimmen nicht mitgezählt.

(4) Es wird in der Regel offen abgestimmt. Auf Verlangen von einem der

stimmberechtigten Mitglieder ist geheim mit Stimmzettel abzustimmen. Das Ergebnis einer geheimen Abstimmung wird durch zwei vom Vorstandsleiter zu bestimmende Mitglieder festgestellt und dem Vorstandsleiter mitgeteilt, der es bekannt gibt.

§ 10 Niederschrift

(1) Der Schriftführer ist für die Niederschrift des Verlaufs der Mitgliederversammlung und Vorstandssitzung verantwortlich. Eine Abschrift der Niederschrift ist allen Vorstandsmitgliedern zuzustellen, und zwar mit der Einladung zur nächsten Vorstandssitzung.

(2) Die Niederschrift ist vom Vorstandsleiter, vom Schriftführer oder einem evtl. beauftragten Protokollschreiber zu unterzeichnen.

§ 11 Änderung der Geschäftsordnung

(1) Änderungen dieser Geschäftsordnung können nur mit drei Vierteln der gesetzlich stimmberechtigten Mitglieder der Mitgliederversammlung beschlossen werden.

§ 12 Geltung

(1) Diese Geschäftsordnung gilt für die Mitgliederversammlungen und die Vorstandssitzungen.

§ 13 Inkrafttreten

(1) Diese Geschäftsordnung tritt am Tage der Eintragung des Vereins ins Vereinsregister in Kraft. (31. 08. 1989)

Die Mitgliederversammlung des Harburger Kreisvereins durchsichtige Parteien (e.V.) hat die Annahme dieser Geschäftsordnung beschlossen.

Grundsatzprogramm des Vereins durchsichtige Parteien

Präambel

(1) Wir hören von Grundwerten, die Tag für Tag verletzt und ausgehöhlt werden durch ungehemmte Kapitalverwertung (Lobbyismus, „Fraktionszwang“, s. Grundgesetz, Art. 38). Wir wollen volksrepräsentative Parlamente bzw. Gleichheit der Gesetzgebung (Art. 1(3); 3 GG). Wir erhoffen uns dadurch eine Ausgewogenheit aller gesellschaftlichen Interessen. Da unsere Aufgaben und Ziele *formal* und parteiübergreifend sind, werben wir um Personen, die als Mitglieder in politischen Parteien arbeiten. Daneben sind uns parteilose Bürger und Bürgerinnen ebenso willkommen!

(2) Unsere Arbeit ist zweiseitig. Einerseits wollen wir Kreispartnerschaften mit Regionen in Entwicklungsländern aufbauen, andererseits den Aufbau hiesiger Parteien durchsichtig machen - zwecks repräsentativer Parlamentszusammensetzung bzw. gerechterer Gesetze. Einseitiges Handeln reicht nicht mehr aus. Flucht und Einwanderungsdruck nehmen zu.

(3) Gerechte Gesetze hierzulande sind Entwicklungsländern größte Hilfe! Vor allem das ist unsere Überzeugung. Angesichts Hunger und Elend fordern wir alle Bürger und Bürgerinnen auf, das Grundgesetz (GG) für die Bundesrepublik Deutschland einzulösen (siehe oben).

1. Organisation

(4) Der einzelne „Kreisverein durchsichtige Parteien“ gehört neben anderen Kreisvereinen zur untergeordneten Gliederung des einzelnen „Bezirksverbands durchsichtige Parteien“, der wiederum neben anderen Bezirksverbänden zur untergeordneten Gliederung des einzelnen „Landesverbands durchsichtige Parteien“ gehört. Dasselbe gilt für die anderen Bundesländer, die gleichrangig die untergeordnete Gliederungen des „Bundesverbands durchsichtige Parteien“ darstellen. Im Übrigen gelten für alle Vereine und Gliederungen die allgemeinen Statuten: Satzung, Geschäftsordnung und Grundsatzprogramm. Statuten, die dagegen verstoßen, müssen geändert werden.

(5) Jede Geschäftsstelle sowohl der Kreisvereine als auch der übergeordneten Gliederungen soll zentral gelegen sein. Alle Gliederungen sind durch Computer untereinander zu verbinden. Die Computer auf der gleichen Organisationsebene sind untereinander nicht zu verbinden. Die Ver-

bindungen laufen nur zwischen den unter- und übergeordneten Gliederungen. Die Benutzergruppe der computergespeicherten und computerauszutauschenden Daten muss nach außen hin geschlossen sein: Die Benutzer sind Vereins/Verbandsmitglieder.

(6) Zu jedem Kreisverein gehört ein Büro, das aus Gründen optimaler Wirkung eine normierte und standardisierte Ausstattung haben soll. Auch soll - parteiübergreifend - nach einem standardisierten Handlungsprogramm sowie in standardisierter Problemlösung gearbeitet werden. Auf das Handlungsprogramm und die Ausstattung der Büros sollte gesondert eingegangen werden. Die Programme für die Datenverarbeitung sind einheitlich zu gestalten und beim Bundesverband durchsichtige Parteien zu verwalten.

(7) Politische Karten mit den Grenzen der einzelnen Wahlkreise sind bei der Bundesforschungsanstalt für Landeskunde und Raumordnung, Bonn (Berlin) bestellbar, zudem bei den Landeswahlleitern, aber auch bei den Ministern des Inneren in den Landeshauptstädten. Auch sei auf den Bundeswahlleiter, die Kreiswahlleiter und die kommunalen Verwaltungen gewiesen. Andere Adressen, etwa solche von statistischen Ämtern, sind weiter unten an passenden Stellen platziert.

(8) Der Verein/Verband ist volksrepräsentativ aufzubauen, gemäß des empfohlenen Berufsgruppen-Modells (71-75). Demokratisch gesinnte Personen werden nicht abgelehnt. Gegebenenfalls entstehen nur Wartezeiten. Einen volksrepräsentativen Verein/Verband können Gegner nicht unterlaufen. Seine personelle Zusammensetzung muss von Zeit zu Zeit überprüft werden. Der Verein/Verband ist gemeinnützig. Er arbeitet parteiübergreifend (formal): Parteipolitische Inhalte dürfen nicht berührt werden!

2. Unser Verständnis vom Menschen

(9) Im Verein/Verband arbeiten Personen zusammen, die aus allen Berufsgruppen der Bevölkerung kommen. Zwar haben wir verschiedene Überzeugungen. Doch die Gründe dafür sind uns nicht gleichgültig. Jeder hat dasselbe Recht auf seine Überzeugungen, die aus eigenen Erlebnissen und Erfahrungen stammen. Niemand verfügt über die absolute Wahrheit. Widerstand gilt jenen, die ihre begrenzten Überzeugungen anderen aufzuzwingen versuchen. Solange die persönlichen Überzeugungen nicht gegen das Grundgesetz und unsere Statuten verstoßen, ist jede Person bei uns willkommen.

(10) Wir achten die Würde eines jeden Menschen. Sie kommt zur Verwirklichung erst, wenn dem Einzelnen die Möglichkeit freien Handelns zuerkannt worden ist. Sie bleibt unabhängig vom Erfolg oder Misserfolg und unberührt vom Urteil anderer. Wir achten den Einzelnen als einmalige und unverfügbare Person.

(11) Der Mensch ist weder zum Guten noch zum Bösen festgelegt. Weil er lern- und vernunftfähig ist, ist Demokratie und innerparteiliche Demokratie möglich. Weil er fehlbar ist, zu Korruption und Gewalt auch neigt, ist Demokratie und innerparteiliche Demokratie nötig. Weil er weltoffen ist und seine Anlage unendlich viele Erkenntnisformen zulässt, kommt es darauf an, in welchen sozialen Verhältnissen er lebt.

2.1. Zentrale Stellung der Arbeit

(12) Umwelt und Innenwelt des Einzelnen sind wechselseitig aufeinander bezogen. Der Einzelne nimmt seine Umwelt sinnlich wahr, erkennt Zusammenhänge und handelt an seiner Umwelt. Dieses Wahrnehmen, Erkennen und Handeln ist Arbeit allgemein. Der Mensch bearbeitet seine Umwelt, verändert sie, und bearbeitet und verändert sich dabei selbst. Im Arbeitsprozess werden Wesenskräfte verkörpert. Der Einzelne hat die Anstrengung auf sich zu nehmen. Er wendet sich einem Äußeren zu, sucht es zu durchdringen, sodass der Prozess der Erkenntnis und Bildung immer mehr ist als natürliches Reifen: Er ist Arbeit! Die Schwere und der Ertrag der Arbeit hängt davon ab, ob der Zugang zu den benötigten Informationen offen oder verdeckt ist.

(13) Unsere Gesellschaft ist Produktions- und Dienstleistungsgesellschaft. Mit Arbeit wird sie vorangetrieben. In ihren Produkten, Waren, Theorien offenbart sich sowohl die Person als auch die Qualität der Gesellschaft. Das gemeinsame Wesensmerkmal von Person und Gesellschaft heißt „Arbeit“. Als bestimmendes Merkmal für den Aufbau der Parlamente muss folglich die Erwerbsarbeit gelten. Mehr dazu weiter unten, insbesondere in (24) bis (29), aber auch in (69) bis (80).

2.2. Handlungsverstärker

(14) Zwecks Steigerung von Arbeitsertrag sind Handlungsverstärker erforderlich, die untereinander gestuft sind. Auf der untersten Stufe, im „technisch-physikalischen“ Bereich, befinden sich Geräte und Maschinen, die menschliche Kräfte potenzieren bzw. Wahrnehmung, Gedächtnis und

Denken steigern (Computer). Die technisch-physikalischen Handlungsverstärker sind dem physikalischen Gesetz zugeordnet, und zwar deswegen, weil sie ihm folgen müssen.

(15) Die Handlungsverstärker auf der nächst höheren Stufe sind von „biologischer“ Art, nämlich Pflanzen und Tiere, die als Nahrung den Menschen erhalten und als Schutz- und Arbeitsmittel ihm dienen. Wenn Menschen gezwungen werden, für diesen Zweck zu dienen, dann steht das im Widerspruch zur menschlichen Würde. Dennoch: Die Menschen haben die Geräte und Maschinen erdacht und hergestellt. Die Geräte und Maschinen sind in biologischen Handlungsverstärkern mitenthalten, die dem biologischen Gesetz zugeordnet sind.

(16) Der Mensch ist Pflanzen und Tieren überlegen, ist kein biologisches, sondern soziales bzw. ethisches Wesen, das über Geld bzw. Kapital verfügen soll - als „sozialer“ Handlungsverstärker. Mit Geld lassen sich sowohl technische und biologische Waren als auch menschliche Arbeitskräfte kaufen, deren Werte durch Angebot und Nachfrage auf dem Arbeitsmarkt entstehen. In sozialen Handlungsverstärkern, die dem staatlichen Gesetz entsprechen, sind technische und biologische Handlungsverstärker mitenthalten.

2.3. Mittel der Macht

(17) Die technischen, biologischen und sozialen Handlungsverstärker (Maschinen, Betriebe, Staaten) sind auch Mittel der Macht bzw. Mittel zur Freiheit. Wenn Personen über große Kapitalsummen verfügen, dann verfügen sie über andere Personen ebenfalls. In Partei und Gesellschaft haben Einzelpersonen größere Chancen, ihre individuellen Interessen durchzusetzen - auch bei Widerstreben. Individuelle Interessen sind nicht notwendig verwerflich - sind Teil der menschlichen Natur. Sowohl der Einzelnen als auch die Gesellschaft insgesamt werden durch individuelle Interessen auch höher entwickelt.

(18) Die großen Machtorganisationen müssen durchsichtig sein, zwecks besserer Kontrolle. Macht bzw. machtvolle Arbeit und Gerechtigkeit sind keine Gegensätze, sondern einander zugeordnet. Nicht kontrollierte Arbeit in Partei und Gesellschaft wollen wir zurückdrängen helfen, und zwar durch Informationsvermittlung zur politischen Basis hin. Wir wollen wissende Parteimitglieder. Denn Wissen ist sowohl Macht als auch Gegenmacht, die aufeinander bezogen sind. Zwischen Macht und Gegenmacht sollte möglichst Gefälle bestehen!

3. Die für uns gültigen Grundwerte

(19) Wir treten ein für die Grundwerte Gleichheit, Freiheit, Solidarität, die zusammen das Wertemuster der Gerechtigkeit bilden. Mit dem Wertemuster streben wir einen volksrepräsentativen Aufbau politischer Parteien und gesetzgebender Parlamente an und folglich eine ausgewogene Wirtschafts- und Gesellschaftsordnung, die nach innen wie nach außen Gerechtigkeit verkörpern soll.

3.1. Gleichheit

(20) Die Forderung nach Gleichheit ist auf Maßstäbe bezogen: auf staatliche Gesetze. Gleichheit ist der menschlichen Würde gemäß. Nach Anlage und Neigung, nach Fähigkeit und Aussehen sind die Menschen untereinander verschieden. Auch weisen Umwelten erhebliche Unterschiede auf. Gleichheit bedeutet nicht, dass gleiche Umwelten herzustellen sind. Das verstieße gegen die menschliche Würde, gegen Freiheitsrechte und Freiheitspflichten. Gleichheit ist auf Maßstäbe bezogen: auf staatliche Gesetze. Dies sei besonders betont.

(21) Der im Grundgesetz stehende Gleichheitssatz (Art. 1(3); 3) ist uns besonders wichtig. Nicht Gleichheit ohne Staat (Handlungsverstärker, 14-16), sondern Gleichheit mit Staats heißt unsere Forderung, was von zwei Seiten her betrachtet werden muss.

(22) Gleichheit bedeutet zum einen gleiche Anwendung der Gesetze (Gleichheit der Rechtsanwendung), was in Artikeln 1(3); 3 Grundgesetz festgeschrieben ist. Die Vielzahl der Gesetze fassen wir als Einheit auf: als verzweigten, sich ständig ändernden Gesetzesmaßstab. Erlaubtes und Nichterlaubtes lässt sich damit trennen. Daneben soll der Maßstab dem individuellen Handeln bzw. den Arbeitsprodukten sozusagen unterlagert sein: deren Werte (bzw. Gegenwerte) sollen sich an unterschiedlichen Rechten und Pflichten, Belohnungen und Strafen, aber auch in Form unterschiedlicher Geldbeträge am Maßstab sozusagen ablesen lassen (s. Tarifklassensystem: Punkt 71).

(23) Gleichheit bedeutet zum anderen, dass jeder von seiner Natur und unantastbaren Würde her gleiche Rechte und Pflichten hat: Es gibt keine vererbbare Rangordnung unter den Menschen. Im Grundgesetz ist die Gleichheit und Gleichwertigkeit der Menschen fest verankert (Art. 1; 3). Auch lässt sich das Grundgesetz als Einheit auffassen: als verzweigter, relativ beständiger Gesetzesmaßstab. Beim Formulieren neuer und Über-

prüfen vorhandener Gesetze soll das Grundgesetz den Gesetzen sozusagen unterlagert sein. Oder anders: Die menschliche Gleichheit soll sich an Gesetzen, die auf dem Grundgesetz aufgebaut sind, erkennen und mit Hilfe staatlicher Durchsetzungsmacht erzwingen lassen. Nach Artikel 1(3) Grundgesetz heißt das: Nicht nur die Rechtsprechung und vollziehende Gewalt, auch der Gesetzgeber selbst, die gesetzgebenden oder gesetzsetzenden Parlamente, sind an den Gleichheitssatz gebunden (Gleichheit der Rechtssetzung). Von daher sind alle Gesetze, die den Gleichheitssatz missachten, als verfassungswidrig aufzufassen.

(24) Rechtsgleichheit umfasst die Gleichheit der Rechtsanwendung (22) und die Gleichheit der Rechtssetzung (23). Den so im Grundgesetz verankerten Gleichheitssatz erkennen wir als richtungsweisend an.

(25) Die Gleichheit der Rechtsanwendung trennt Erlaubtes vom Unerlaubten und vergibt zudem verschiedene Rechte und Pflichten. Ihre Erwerbsarbeiten verrichten die Menschen in vielen Berufen, die sich nach ähnlichen Tätigkeitsmerkmale in vier Gruppen einteilen lassen, entsprechend dem öffentlichen Dienst (70-71). Die Wertigkeit dieser Gruppen zeigt sich an Gegenwerten für verrichtete Arbeiten. Bei isolierter Betrachtung ist die Gleichheit der Rechtsanwendung bis hier noch gewahrt. Wenn aber die auf dem Grundgesetz aufbauenden Gesetze nur von Abgeordneten höherer Berufsgruppen erlassen werden, dann entsteht mit Sicherheit Ungleichheit: Abgeordneten neigen dazu, die Erwerbsarbeiten ihrer Berufsgruppen gesetzmäßig aufzuwerten. Wegen einseitiger Zusammensetzung der Parlamente ist die Gleichheit der Rechtssetzung unterlaufen, was die Gleichheit der Rechtsanwendung ebenfalls unterläuft. Wir arbeiten, anders als die Gewerkschaften und Bürgerinitiativen, auf die Gleichheit der Rechtssetzung (Gesetzgebung) hin.

(26) Wir meinen: Was nicht selbst erlebt und erfahren wurde, kann nicht vollständig begriffen werden. Das Erleben und Erfahren ist vorrangig auf Erwerbsarbeit bzw. Lohn zurückzuführen. Daher sind Erfahrungen aus eigener Erwerbsarbeit und aus eigenen sozialen Erlebnissen besonders wichtig. Doch Erlebnisse und Erfahrungen, so verschieden sie auch sein mögen, sind für sich genommen immer gleichwertig (9): Es gibt, bei genauer Überprüfung, keine Wertunterschiede dort! Der Wert eines jeden Erlebnisses und einer jeden Erfahrung ist immer personengebunden. Weil sich Erlebnisse und Erfahrungen auf Erwerbsarbeit bzw. Lohn zurückführen lassen, muss die Erwerbsarbeit als vorrangiges Kriterium hinsichtlich der Gleichheit der Rechtssetzung (23) gelten. Diesbezüglich sei auf die Absätze (12) und (13) auch gewiesen.

(27) Zwecks Erlass gerechter Gesetze ist das berufliche Herkommen der Parlamentsabgeordneten, deren soziales Erleben und Erfahren wichtig. Aus der Gleichwertigkeit aller Erlebnisse und Erfahrungen folgt, dass die gesetzgebenden Parlamente alles Erleben und Erfahren der Gesellschaft verkörpern sollten, und zwar anteilsgerecht nach Berufsgruppen. Diesbezüglich meinen wir auch, dass ein Berufspolitikertum mit bis zu vierzig Jahren im Parlament unzulässig ist. Man bedenke: Auch in früheren Jahrhunderten herrschten Fürsten und Herren ihr Leben lang!

(28) Erlebnisse und Erfahrungen sind vom Geschlecht auch abhängig. Doch in Gesellschaft, Staat und Parteien haben Männer die größere Macht. Frauen werden daran gehindert, tatsächlich gleichgestellt zu sein. Rechtlich aber sind die Frauen den Männern gleichgestellt (Art. 3 GG). Das beinhaltet nicht nur gleiche Rechte, sondern auch gleiche Pflichten, wobei auf Natürlichkeiten Rücksicht zu nehmen ist.

(29) Wir als Verein/Verband unterstützen das Gleichheitsstreben der Frauen. Unser vorrangiges Kriterium für Gleichheit der Rechtssetzung ist aber die Erwerbsarbeit: Durch Arbeit und Geld entstehen Handlungsverstärker bzw. Mittel der Macht (17), mit denen auch Frauen mächtig sind - mächtiger als Männer! Solange eine Frau keine sie erhaltende Erwerbsarbeit ausübt und in einer Ehe oder einem eheähnlichen Verhältnis lebt, ist für uns die Erwerbsarbeit bzw. Berufsgruppenzugehörigkeit ihres Mannes maßgeblich. Dasselbe gilt umgekehrt.

3.2. Freiheit

(30) Die menschliche Würde zeigt sich im Freisein, das niemals absolut ist. Als soziales bzw. ethisches Wesen soll der Einzelne verantwortlich arbeiten. Wer Freiheit für sich fordert, muss das Freiheitsstreben seiner Mitmenschen als gleichrangig anerkennen. Freiheit für wenige wäre Privileg. Die Freiheit des anderen ist die Grenze und Bedingung der Freiheit des Einzelnen. Freiheit verlangt gleiche Chancen, individuelle Anlagen entfalten und in Partei und Gesellschaft mitwirken zu können. Wer sich materiell und sozial gesichert weiß, kann die Chance der Freiheit - auch im politischen Bereich - besser nutzen. Die beste Entfaltung der Person entsteht bei gerecht verteilten Gütern.

(31) Gemeinsam mit vergangenen Generationen sind riesige Handlungsverstärker entstanden, die gestuft auftreten (14-16). Zum einen sind sie Mittel der Macht (17), zum andern Mittel zur Freiheit. Mit technischen, biologischen und sozialen Mitteln der Macht bzw. Freiheit werden - allzu

oft zum Schaden von Mehrheiten - Millionen Menschen gelenkt.

(32) Wer in Politik, Verwaltung, Wirtschaft usw. über große Handlungsverstärker verfügt, empfindet meist größere Freiheiten. Personen mit hohen Freiheitsgraden sind sich ethischer Normen nicht immer bewusst. Ihnen soll das Verfügungsrecht über große Handlungsverstärker nicht notwendig aberkannt werden. Wir als Verein/Verband wollen nur eine politische Kontrollmöglichkeit ausnutzen, und zwar durch Informationsvermittlung zur politischen Basis hin. Wir wollen wissende Parteimitglieder! Denn Wissen bewirkt sowohl Macht als auch Gegenmacht, die ethisch begründbar ist (18).

(33) Von politischen Parteien geht Macht in Staat und Gesellschaft aus. Ein durchsichtiger Aufbau der Parteien - personell wie funktionell - ist deshalb wichtig. Wer ein politisches Amt ausübt, wirkt mit seiner ganzen Person, vom Erleben und Erfahren her, an einer öffentlichen Aufgabe mit. Weil Erleben und Erfahren an Erwerbsarbeit/Lohn gebunden ist (26), muss die Berufsgruppe bekannt sein, zumindest in der eigenen Partei! Diesbezüglich gibt es kein Recht auf Datenschutz (§ 24 Bundesdatenschutzgesetz) bzw. Geheimhaltung von Informationen, da solche Informationen von politischem und hohem öffentlichen Interesse sind.

(34) Nach Artikel 5(1) Grundgesetz hat jeder das Recht, seine Meinung in Wort, Schrift, Bild zu verbreiten und aus allgemeinen Quellen sich ungehindert zu unterrichten. Die politischen Amts- und Mandatsträger dürfen den Mitgliedern ihrer Partei den Zugang zu erwünschten Informationen (Daten über alle Parteitagsdelegierten z. B.) nicht verbauen oder schwer zugänglich machen, solange diese Informationen von öffentlichem oder parteiöffentlichem Interesse sind. In Fällen verwerflicher Informationsvorenthaltung nehmen auch wir das geltende Prinzip als Gegenmaßnahme in Anspruch: Es ist alles erlaubt, was vom Gesetz her nicht verboten ist.

(35) Es gibt Bindungen, in denen Freiheit sich erst entfaltet. Und es gibt Abhängigkeiten, die den Menschen erniedrigen. Freiheit verlangt Freisein von unwürdigen Abhängigkeiten, von Not und von Furcht. Doch in unwürdigen Verhältnissen kann der Einzelne ebenfalls frei sein, freier als jener, der über große technische, biologische und soziale Mittel der Macht verfügt und diese gegen den Einzelnen lenkt. Wir meinen im ethischen Sinn, dass die Liebe zur Wahrheit, zu Gott und den Mitmenschen das größte Mittel der Macht bzw. Freiheit ist (14-17), auch in unserer demokratisch-kapitalistischen Gesellschaft, wo Geld und Kapital an oberster Stelle noch stehen.

3.3. Solidarität

(36) Wir sind keine weltfremden Schwärmer. Wir wissen, dass Wirtschaft und Geld lebensnotwendig sind. Doch Erfahrungen lehren uns, dass die Menschen als Gleiche und Freie erst dann friedvoll miteinander leben, wenn sie füreinander verantwortlich sind, sich gegenseitig helfen. Solidarität meint, aktiv füreinander da sein, sich für Gleichheit und Freiheit einsetzen. Sie zeigt sich als innerlich freimachende Gesinnung, die nach außen wirkt und untereinander verbindet. Die solidarische Gesinnung ist niemals erzwingbar. Sie tritt verschieden und in unterschiedlicher Stärke auf. In religiöser Ausprägung ist sie Liebe zur Wahrheit, zu Gott und den Mitmenschen (35), wobei Liebe geleitet wäre - durch göttlichen Geist.

(37) Solidarisches Verhalten kennzeichnet die Beziehung zwischen der Gemeinschaft und dem Einzelnen, der Anspruch auf Zuwendung, Anerkennung, Hilfe hat: Das ist sein Recht auf Solidarität. Andererseits ist der Einzelne verpflichtet. Er hat sich um öffentliche Belange zu kümmern: Das ist seine solidarische Pflicht. Solidarität fordert beiderseits Arbeit, damit die wechselseitige Verantwortung realisiert wird. Gleiches gilt für Vereine und sonstige Gruppen.

(38) Wir wollen dem Einzelnen eigene Initiativen im Rahmen des Möglichen sowohl erleichtern als auch zumuten (Subsidiarität). Der zunehmenden Armut und Gewaltbereitschaft wollen wir politisch entgegenwirken, aber auch durch persönliche Zuwendung, Anerkennung und Solidarität. Wir meinen, dass der Wert mitmenschlicher Dienste für den Gebenden nicht geringer ist als für den Empfänger. Falsche Vorstellungen von Solidarität und einen Missbrauch unserer Einrichtungen werden wir entschieden abwehren.

(39) Der Verein/Verband fordert von seinen Mitgliedern parteiübergreifende Solidarität, weil sein primäres Anliegen parteiübergreifend ist. Wir als Mitglieder glauben, dass es in allen Parteien Personen gibt, die dasselbe wollen, die nur aus verschiedenen Richtungen kommen! Unser Anliegen, alle Berufsgruppen durch fähige Abgeordnete an der politischen Macht direkt(!) zu beteiligen, stimmt mit Aussagen der großen Parteien überein, die sich selbst Volks-Parteien nennen. Schon deswegen bitten wir um Solidarität. Da unser Anliegen keine parteiinternen Inhalte berührt, ist parteiübergreifende Solidarität möglich. Die parteiinterne Solidarität bleibt davon unberührt.

(40) Wir stützen uns auf Mitglieder und Partner, um Projekte im Ausland verwirklichen zu können. Unsere Solidarität soll Mitgliedern und Partnern

Chancen zur Freiheit verschaffen. Selbst in harten Auseinandersetzungen soll immer ein Mindestmaß an Solidarität gegenüber dem politischen Gegner gewahrt bleiben. Persönliche Angriffe und Abwertungen verletzen unsere Vorstellung von Solidarität. Die Auseinandersetzungen sollen nur von der Sache her erfolgen! Sachliche Argumente sind umgekehrt nicht als Angriff gegen die Person zu werten.

(41) Unser Verständnis von Solidarität bewährt sich vor allem gegenüber Benachteiligten. Besonders dort ist Solidarität gefordert, wo es schwer fällt. Diese Aufgabe stellt sich ebenso im Verhältnis zum nahen wie zum fernen Mitmenschen. Denn immer mehr Menschen leiden an einem Mangel an Lebensnotwendigem und verhungern. Politische Veränderungen im eigenen Land(!) tragen langfristig dazu bei, Menschen der armen Welt zu fördern und menschliche Würde zu ermöglichen.

3.4. Gerechtigkeit

(42) Gleichheit, Freiheit, Solidarität sind dem Gemeinwesen zukommende Grundwerte. Sie erfordern und begrenzen sich gegenseitig: Kein Grundwert erfüllt ohne die anderen seinen Sinn. Sie liegen auf derselben Ranghöhe und bilden zusammen das Wertemuster der Gerechtigkeit, das der politischen Arbeit die Orientierung geben soll. Mit dem Wertemuster lassen sich drei allgemein anerkannte Grundverhältnisse beschreiben - das Verhältnis der Einzelnen untereinander: die ausgleichende Gerechtigkeit, das Verhältnis des Einzelnen zur Gemeinschaft: die gesetzliche Gerechtigkeit und das Verhältnis der Gemeinschaft zum Einzelnen: die austeilende Gerechtigkeit. Alle drei Grundverhältnisse gelten für Völker bzw. Gesamtarbeiter (50) ebenfalls.

(43) Man bezieht die ausgleichende Gerechtigkeit auf zu erbringende Gegenwerte, die Rechte und Pflichten von Einzelnen ausgleichen. Sie regelt - im Sinne zahlenmäßiger Gleichheit - den rechtsgeschäftlichen Austauschverkehr. Arbeit und Arbeitsprodukte, die einer dem anderen vertraglich oder im Interesse und zum Vorteil des anderen erbringt, sind durch Gegenwert voll auszugleichen. Werte, die dem anderen zukommen, sind zu respektieren und unangetastet zu lassen. Zugefügter Schaden ist durch Gegenwert gut zu machen. Die ausgleichende Gerechtigkeit verpflichtet strikt, sie lässt keine Relativierung zu.

(44) Die gesetzliche Gerechtigkeit verpflichtet den Einzelnen gegenüber der Gemeinschaft. Sie wirkt auf Befolgung der Gesetze hin, aber nicht, weil die Gesetze „gesetzt" und vorhanden wären, sondern deshalb, weil

nur auf gesetzlicher Grundlage Frieden und gutes Leben möglich sind. Die gesetzliche Gerechtigkeit verpflichtet bzw. berechtigt daher nicht nur Personen. Sie gilt für Gruppen, Verbände, Parteien, Völker bzw. Gesamtarbeiter (50) ebenfalls und sollte am Gemeinwohl orientiert sein. Allein dies ist Bestimmungsgrund dafür, dass kraft gesetzlicher Gerechtigkeit gefordert wird, was der Einzelne der Gesamtheit schuldet, damit diese gedeihen kann: Rechtsbefolgung, Friedenswahrung, Übernahme von Ämtern, Leistung von Abgaben und Diensten, Erfüllung sonstiger Pflichten.

(45) Umgekehrt beantwortet die austeilende Gerechtigkeit die Frage, was die Gesamtheit dem Einzelnen oder der Gruppe schuldet. Dabei spielt eine besondere Rolle das Gleichheitsprinzip, das ja als Gleichheit der Rechtsanwendung (22) und als Gleichheit der Rechtssetzung (23) auftritt. Man legt die austeilende Gerechtigkeit - mit Blick auf die Gleichheit der Rechtsanwendung - in zwei verschiedenen Richtungen aus.

(46) Hinsichtlich der ersten Auslegungsrichtung zielt die austeilende Gerechtigkeit darauf, dass die Gesamtheit (Staatsführung, Staat, Gesellschaft) für den Einzelnen oder die Gruppe etwas nach dem Maß einer Sache festlegt. Das heißt, wenn die Staatsführung z.B. Hilfe gewährt (Sozialhilfe usw.) oder Lasten auferlegt (Steuern usw.) oder Strafen verhängt, so gebietet die austeilende Gerechtigkeit eine Hilfe nach dem Maß der Bedürftigkeit oder eine Belastung nach der Leistungsfähigkeit oder eine Bestrafung nach der Schwere des Delikts. Hier verteilt die austeilende Gerechtigkeit Güter und Lasten nach Maßgabe festzulegender Kriterien (Bedürftigkeit, Leistungsfähigkeit, Schuld). Nur diesbezüglich folgt sie dem Gleichheitsprinzip. Die leitenden Kriterien bleiben allerdings das Problem, das nur im politischen Prozess durch die geforderte Gleichheit der Rechtssetzung (23) lösbar wäre.

(47) In der zweiten Auslegungsrichtung der austeilenden Gerechtigkeit gilt das Gleichheitsprinzip absolut! Hier bezieht es sich nicht mehr auf leitende Kriterien, sondern direkt und ohne Unterschied auf die Person (den Gesamtarbeiter, 50), auf ihre (seine) Würde, wie sie im Grundgesetz festgeschrieben ist. Soweit die Gemeinschaft dem Einzelnen etwas schuldet, ist es jedem in gleicher Weise geschuldet. Eine Abstufung ist ausgeschlossen, denn die Gleichheit gilt absolut: Achtung vor der Würde der Person (des Gesamtarbeiters), Garantie der Grundrechte. Daneben werden mit der austeilenden Gerechtigkeit - in derselben Art von Gleichheit - die demokratischen Grundrechte eines jeden erfasst: gleicher Zugang zu den

Ämtern, gleiche Beteiligung an der Willensbildung, gleicher Rechts- und Gerichtsschutz. Diese Grundrechte liegen gleichfalls auf der Ebene des Grundgesetzes, auf die sich die Rechtssetzung bezieht.

(48) Man erfasst mit der ausgleichenden, gesetzlichen und austeilenden Gerechtigkeit alle zwischenmenschlichen Beziehungen im oben beschriebenen Sinn. Dennoch hat sich der Begriff der sozialen Gerechtigkeit durchgesetzt. Man weist im Namen der Menschenrechte darauf hin, dass ein gleicher Anspruch aller auf Grundausstattung mit materiellen und immateriellen Gütern besteht. Zudem fordert die soziale Gerechtigkeit eine gewisse Gleichheit nicht nur bezüglich der abstrakten Regeln und Normen, sondern auch der konkreten Lebensbedingungen. Von daher sollten Theologie und kirchliches Lehramt den Offenbarungsglauben neu bedenken und das christliche Erbe als befreiende gesellschaftsverändernde Kraft begreifen, die erst im Medium der Politik zur weitreichenden Wirkung kommt. Die Verkündigung des Glaubens darf nicht getrennt erfolgen von einem Einsatz für soziale Gerechtigkeit. Ziel der Evangelisierung muss die integrale Befreiung des Menschen sein.

(49) In allen Grundverhältnissen, insbesondere bei der ausgleichenden und der austeilenden Gerechtigkeit, ist Gerechtigkeit mit Gleichheit der Rechtssetzung (Gesetzgebung) verknüpft. Darauf basiert die Forderung, die gesetzgebenden Parlamente anteilsgerecht nach Berufsgruppen zu besetzen. Beim Befolgen der Forderung entstehen Gesetze, die im Schwerpunkt aller beruflichen und sozialen Erfahrungen ruhen. Zunächst ein Blick auf die Gesellschaft.

4. Aufbau der Gesellschaft

(50) Wir stellen uns die Gesellschaft als Gesamtarbeiter vor, der alle Arbeiten verrichtet. Im Gesamtarbeiter nimmt die Person eine ähnliche Stellung ein wie die Zelle im Körper der Person. Folglich ist die Arbeit der Person von der Arbeit des Gesamtarbeiters nicht trennbar. Das heißt, die Arbeit der Person ist nur möglich durch die Arbeit des Gesamtarbeiters. Von daher ist keine in der Gesellschaft nötige Arbeit, keine Berufsgruppe, sittlich höherstehend als die andere. Wie kann das verdeutlich werden?

4.1. Wesen der Politik

(51) Zur Instanz der Politik gehört die oberste Macht (Primat der Politik), was an ihrer Aufgabe deutlich wird, die darin besteht, das staatliche Gesetz zu erlassen (Wesenskern der Politik). Keiner anderen Instanz, nicht

der Wirtschaft, der Wissenschaft, der Religion usw. fällt die Aufgabe der Gesetzgebung zu. Der Instanz der Politik wird die Aufgabe der Gesetzgebung aber auch streitig gemacht. Stattdessen ordnet man, in Verkennung der Aufgaben, der Wirtschaft und den Banken die oberste Macht zu, obwohl sich beide, trotz allem, nach bestehenden Gesetzen zu richten haben - gleichfalls die mit Tarifmacht beliehenen Berufsverbände (Gewerkschaften, Arbeitgebervertretungen). Weil Wirtschaft und Banken die Politik unterlaufen haben (Lobbyismus), sind ihre Vertreter in den gesetzgebenden Parlamenten überrepräsentiert. Dieser Zustand muss sich ändern.

(52) Zur Politik gehört die Kommunalpolitik, die zwar ebenfalls lenkend wirkt, jedoch im Rahmen bestehender Gesetze verlaufen muss. Nur der Instanz der Politik - das sei wiederholt - ist die Aufgabe der Gesetzgebung zuerkannt worden, was die meisten Parteimitglieder - im kraftzehrenden Ringen um kommunale Sachverhalte (Bauen, Wohnen, Straßenführung usw.) - wohl vergessen haben, mit ungünstigen Folgen!

(53) Politik schafft Rechtsnormen, fungiert als Medium rechtlicher Normen, womit Millionen gelenkt werden, nicht nur im Nahen, sondern auch im Fernen. Solidarität, die sich einzig auf nahe Menschen richtet, wird von uns nur ausnahmsweise gewürdigt: sie lässt andere, auch von Machtgier geleitete Personen gewähren, politisch aufsteigen, was ungerechte Gesetze hervorbringt.

(54) Gesetze selbst genügen nicht: Jeder kann Gesetze erlassen! Sie verlangen einen Handlungsverstärker (14-16), sprich: den mächtigen Staat, der das Befolgen erlassener Gesetze notfalls erzwingt - bis in Familien hinein (Schule, Fernsehen usw.). Was also ist Staat?

4.2. Verhältnis Staat und Gesellschaft

(55) Der Begriff des Staats wird häufig falsch benutzt, mit dem der Gesellschaft gleichgesetzt. Solche Vorstellungen aber, gefördert durch Begriffe wie Staatsgebiet, Staatsbürger, Staatszugehörigkeit, sollten verändert werden. Richtig ist: Der Staat gehört zur Gesellschaft, ist Teilsystem(!) der Gesellschaft. Oder anders: Die Gesellschaft beinhaltet den Staat, der sie - von der Staatsführung her - schützt, fördert und bestimmt.

(56) Zur Verdeutlichung sei auf den Gesamtarbeiter gewiesen (50), auf dessen Nervensystem (analog dem Nervensystem einer Person). Der Gesamtarbeiter steht für die Gesellschaft, das Nervensystem steht für den Staat - aufzufassen als einfacher bildlicher Vergleich.

(57) Räumlich ist der Staat in der Bundesrepublik Deutschland wie folgt gegliedert: Bund, Länder, Bezirke, Kreise, Gemeinden und Gemeindeverbände sowie die von den staatlichen Gebietskörperschaften abgeleiteten und abhängigen Organisationen des öffentlichen und privaten Rechts. Eine andere Gliederung geht von der Amthierarchie aus, die nach Tarifklassen geordnet ist (71). Das Tarifklassensystem des Öffentlichen Dienstes, das vorbildlich ist, könnte dem Verein/Verband nützlich werden. Weiter unten dazu mehr.

(58) Der Staat tritt als Öffentlicher Dienst auf, der solche Berufe umfasst, die der öffentlichen Sicherheit, Verwaltung, Rechtsprechung gewidmet und in die Staatsorganisation eingegliedert sind (einschließlich Gebäuden, Maschinen, Waffen). Vornehmlich sind dies die Berufsbeamten, Berufsrichter und Berufssoldaten, die Arbeiter und Angestellten der öffentlichen Hand. Ferner gehören zum Staat bestimmte Tätigkeiten außerhalb des Öffentlichen Dienstes: die der Ehrenbeamten, ehrenamtlichen Richter und Wehrpflichtigen. Auch sind die Dienste der „beliehenen" Privaten zu nennen: die der Notare und technischen Überwachungsvereine. Zusammen ergibt sich ein die Gesellschaft durchsetzendes Machtinstrument, das Gesetzen verpflichtet ist, die die Staatsführung erlassen hat.

(59) Nicht Gerechtigkeit ohne Staat, sondern Gerechtigkeit mit Hilfe des Staats wird gefordert (21). Nicht der Staat jedoch, sondern die Staatsführung ist das entscheidende Organ. Der mächtige und weitreichende Staat, der die Gesellschaft vollständig durchsetzt, wird durch die Staatsführung letztlich geformt und gelenkt.

4.3. Staatsführung

(60) Die gesetzgebenden Parlamente (Bundes- und Länderparlamente) gelten als Staatsführung, die zur Durchsetzung der erlassenen Gesetze den Staat benötigen - als weitreichender Handlungsverstärker. Hinzu kommt, dass die Staatsführung den Handlungsverstärker zweckmäßig formt. Das heißt, der Aufbau des Staats wird auf gesetzlicher Grundlage den Interessen der Staatsführung angepasst. Auf den Staat der Nationalsozialisten sei hier gewiesen. Wichtige Merkmale des Staats und der Staatsführung zeigen sich im Krieg und in Zeiten der Not.

(61) Am Bild des Gesamtarbeiters (50) lässt sich das Verhältnis Staat und Staatsführung deutlich machen: Das Gehirn bildet Gedanken, die über das Nervensystem die Person lenken. Die Staatsführung bildet Gesetze, die über den Staat den Gesamtarbeiter lenken. Gehirn zum einen, Staatsfüh-

rung zum andern sind miteinander vergleichbar, ebenso Gedanke und Gesetz, Nervensystem und Staat. Zwischen Staat und Staatsführung muss unterschieden werden, was herkömmlich nicht geschieht.

(62) Ein vernebelter Staatsbegriff kommt „gewissen“ Politikern entgegen, ebenso, wenn zwischen Staat und Staatsführung nicht unterschieden wird. Personen können dann nicht begreifen, dass die Staatsführung den Staat so formt, wie sie es will, dass nicht der Staat, sondern die Staatsführung die Gesellschaft vorrangig lenkt, dass nicht die Instanz der Wirtschaft, der Banken, der Medien usw., sondern die Instanz der Politik die oberste Macht ausübt (Primat der Politik: Gesetzgebung).

(63) In der BRD werden Abgeordnete ins Europäische Parlament, den Bundestag, die Länder-, Kreis- und Gemeindeparlamente gewählt, wobei nur der Bundestag, die sechzehn Länderparlamente und das Europäische Parlament bzw. die Kommission, der Rat Gesetze erlassen können. Unter Gesetzgebung versteht man die Zuständigkeit auf bestimmten Gebieten. Die ausschließliche Gesetzgebung hat im Bereich der BRD der Bund auf den „ureigenen“ Gebieten (Art. 73 GG). Auf den „nicht-ureigenen“ Gebieten können Bund und Länder in der Gesetzgebung konkurrieren (Art. 70, 72, 74 GG). Nicht konkurrieren können die Kreis- und Gemeindeparlamente, die sich im Rahmen bestehender Gesetze bewegen und nicht zur Staatsführung gehören. Mit Blick auf die Gleichheit der Rechtssetzung (Gesetzgebung) sind nur der Bundestag und die sechzehn Länderparlamente wichtig, aber auch der bundesrepublikanische Anteil im Europäischen Parlament (dessen personelle Zusammensetzung).

(64) Der Bundesrat, der bei der Gesetzgebung und Verwaltung des Bundes mitwirkt, setzt sich aus Vertretern der Länderregierungen zusammen (drei bis fünf Personen), die ihre Stimmen je einheitlich abgeben müssen und an Weisungen der Länderregierungen gebunden sind (Art. 51 GG). Seine personelle Zusammensetzung reguliert sich von selbst: über die Länderparlamente. Ähnlich setzen sich die Ausschüsse und anderen Gremien auf Bundes- und Länderebene zusammen.

(65) Zwischen Regierung und Opposition ist bisher nicht unterschieden worden - aus gutem Grund: Die Regierung ist nur die Führungsgruppe der parlamentarischen Mehrheit, die Opposition jene Gruppe, die die Mehrheit nicht bilden kann. Bei Wahlen und Abstimmungen entscheidet die Mehrheit, der größere Teil des Parlaments. Die Gesinnung der Mehrheit also lenkt Staat und Gesellschaft am stärksten. Oder anders: Zwecks Schaffung öffentlicher Gerechtigkeit ist nicht so sehr die Regierung

wichtig, vielmehr die personelle Zusammensetzung der gesetzgebenden Parlamente, des Bundestages und der sechzehn Länderparlamente: als soziale Anlage(!) der Gesellschaft (s. Punkte 1 und 51).

(66) Minimale Eingriffe an der sozialen Anlage verändern die Gesellschaft maximal, analog minimaler Eingriffe an der genetischen Anlage der Person (Prinzip des kleinsten Aufwands).

(67) Wenn die Staatsführung gerecht aufgebaut wäre, hätte jede Berufsgruppe - wie in der Bevölkerung - ihren Anteil dort, bei etwa gleichstarker Verteilung der Geschlechter (28-29). Anders in der Realität: Von Ausnahmen abgesehen sitzen in der Staatsführung nur Mitglieder der Dritten und Vierten Berufsgruppe (72), mit einseitigen Sozialerfahrungen! Einflussreiche Abgeordnete bleiben dort dreißig bis vierzig Jahre lang - angepasst an mächtige Gruppen (Lobbyismus), abgesichert durch Landeslisten, die sie selbst aufgestellt haben. Solche Zustände benachteiligen Berufsgruppen, tragen zu Kriegen gegen schwache, rohstoffreiche Länder auch bei. Unser Ziel ist es, die Erfahrung der Staatsführung an die der Bevölkerung anzupassen, über politische Parteien (Parlamentssparteien).

(68) Uns ist der Grundwert der Gleichheit, der zweigeteilt auftritt, besonders wichtig. Mit Blick auf die Gleichheit der Rechtssetzung (23) soll das folgende Berufsgruppen-Modell auf Parteien und gesetzgebende Parlamente angewandt werden. Zunächst das Berufsgruppen-Modell.

4.4. Tarifklassen als Berufsgruppen

(69) Hier sei wiederholt: Die Gesellschaft ist Produktions- und Dienstleistungsgesellschaft. Mit Arbeit wird sie vorangetrieben. An ihren Produkten lassen sich Personen und Qualitäten der Gesellschaft erkennen (12-13). Weil Arbeit als gemeinsames Wesensmerkmal von Person und Gesellschaft gilt, muss die Staatsführung nach Berufsgruppen aufgebaut werden. Innerhalb der einzelnen Gruppe liegen ähnliche Tätigkeitsmerkmale vor, die der Öffentliche Dienst vorbildlich festgeschrieben hat.

(70) Das folgende Berufsgruppen-Modell (vier Berufsgruppen) ist nicht nur auf die Staatsführung, sondern auch auf Parteigliederungen zu beziehen, hinsichtlich der in Absatz (59) genannten Forderung.

(71) Da jede Erwerbsarbeit einen finanziellen Gegenwert verlangt, kann der Einzelne nach der Höhe seines Einkommens gruppiert werden. Diesbezüglich spricht man nicht mehr von Berufsgruppen, sondern von sozi-

alen Klassen. Da unsere Gesellschaft Klassengesellschaft ist, hat der Öffentliche Dienst, je nach Tätigkeitsmerkmalen, alle Arbeiten bzw. deren Gegenwerte in Lohn-, Vergütungs- und Besoldungstabellen erfasst und nach Tarifklassen gruppiert (Kurt Ebert: Das gesamte öffentliche Dienstrecht, Loseblattwerk mit Ergänzungslieferungen, Erich Schmidt Verlag, Berlin). Die berufliche Arbeit aller im öffentlichen Dienst beschäftigten Arbeiter, Angestellten, Beamten (dazu gehören auch Staatsanwälte und Hochschulprofessoren) sowie Richter und Soldaten ist damit erfasst und vorbildlich geordnet. Für uns stimmen die vier Tarifklassen mit den vier Berufsgruppen überein.

(72) Die Tarifklasse II, die als Erste Berufsgruppe gelten könnte, erfasst alle Arbeiter, Angestellten, Beamten, Soldaten des einfachen und mittleren Dienstes (z.B. Beamte A1 bis A8). Ihr folgt die Tarifklasse 1c als Zweite Berufsgruppe, die alle Angestellten, Beamten, Soldaten des gehobenen Dienstes erfasst (z.B. Beamte A9 bis A12). Mit der Tarifklasse 1b sind alle Angestellten, Beamten, Richter, Soldaten erfasst, die sich im höheren Dienst befinden (Dritte Berufsgruppe, z.B. A13 bis B2). Als letztes folgt die Tarifklasse 1a, ebenfalls für Angestellte, Beamte, Richter und Soldaten des höheren Dienstes (Vierte Berufsgruppe, z.B. B3 bis B11). Das niedrigste Grundgehalt (A1) beträgt derzeit etwa ein Zehntel des höchsten Grundgehalts (B11). Die prozentuale Aufteilung jeder Berufsgruppe, bezogen auf alle Beschäftigten des Öffentlichen Dienstes bzw. der Gesellschaft, ist wichtig, worauf noch einzugehen ist (74, 83).

(73) Einsehbar ist: Die Arbeit im Öffentlichen Dienst ist vergleichbar mit der im nicht-öffentlichen Dienst, d.h. mit der in der Privatwirtschaft. In beiden Bereichen wird hergestellt, transportiert, verwaltet, gelehrt, geheilt, geforscht, sodass sich die Tätigkeitsmerkmale des Öffentlichen Dienstes auch zur Eingruppierung aller Arbeiten in der Privatwirtschaft eignen. Alle berufstätigen Personen wären auf vier Berufsgruppen so aufgeteilt, ohne Unterschied zwischen freiberuflicher, unternehmerischer und abhängiger Arbeit.

(74) Wie die vier Berufsgruppen sich im Verhältnis zur Gesamtzahl der Bevölkerung aufteilen, kann derzeit nur geschätzt werden. Bekannt sind die Gesamtzahlen sowohl im Öffentlichen Dienst als auch in der Gesellschaft (vgl. Gemeinschaftsveröffentlichung der Statistischen Landesämter, Volkswirtschaftliche Gesamtrechnungen der Länder, siehe Tabellenteil, Hersteller: Statistisches Landesamt Baden Württemberg, Stuttgart). Bekannt ist auch die spezifische Aufteilung im Öffentlichen Dienst (vgl. z.B. Statistik Niedersachsen, Personal im Öffentlichen Dienst, Niedersächsi-

sches Landesverwaltungsamt, Statistik, Schriftenvertrieb, Hannover), die in der Gesellschaft jedoch nicht. Weder das Statistische Bundesamt, Wiesbaden, noch die Statistischen Landesämter, deren Veröffentlichungen jeder anfordern kann, geben darüber hinlänglich Auskunft. Man könnte aber - auch bei Abweichung von realen Zahlen - die Aufteilung im Öffentlichen Dienst auf die Gesellschaft übertragen. Welche Schwierigkeiten entständen dabei?

(75) Wenn etwa die Dritte und Vierte Berufsgruppe im Öffentlichen Dienst prozentual etwas größer als in der gesamten Gesellschaft wäre, dann könnte - bei Orientierung am Öffentlichen Dienst - die leichte Benachteiligung der Ersten und Zweiten Berufsgruppe toleriert werden. Denn sowohl in den Führungsgremien der Parteien als auch den Parlamenten sind Abgeordnete aus der Ersten und Zweiten Berufsgruppe derzeit kaum vertreten.

(76) Das Tarifklassensystem des Öffentlichen Dienstes ist vorbildlich beschrieben und an Erfordernisse der Gesellschaft angepasst. Ethische Norm entstände, wenn es auf das Gleichheitsprinzip bezogen würde, das als Gleichheit der Rechtsanwendung (22) und als Gleichheit der Rechtssetzung (23) auftritt und so festgeschrieben ist.

(77) Weil das gemeinsame Wesensmerkmal von Person und Gesellschaft „Arbeit" heißt (12-13), muss der Aufbau der gesetzgebenden Parlamente an der früheren Erwerbsarbeit bzw. Berufsgruppe orientiert sein, also weder nach Konfession noch nach Alter noch nach Geschlecht noch nach Höhe zu zahlender Steuern usw. Aus pragmatischen Gründen sollten die Zahlenverhältnisse des Öffentlichen Dienstes genutzt werden. Sie sollten nicht überbetont oder gar diktiert werden!

(78) Bewerber für Parteiamt und Abgeordnetenmandat sollten weniger nach „Sympathie" als nach fachlicher Fähigkeit ausgesucht werden. Bei gleichen Fähigkeiten sollte nach Berufsgruppen ausgewählt werden.

(79) Wenn Frauen das Merkmal „Geschlecht" betonen und auf die Parlamente beziehen, dann liegt einerseits Berechtigung vor. Andererseits ist zu beachten, dass nicht das Geschlecht, sondern die Arbeit und Höhe des Lohns die soziale Stellung bestimmt (29).

(80) Jene Personen, die sich als Abgeordnete eignen, sollten vorher geschult werden, auf einzurichtenden *Partei-Hochschulen* bzw. in parlamentarischen *Einführungs-Seminaren.* Weiter unten wird darauf näher

eingegangen (106-107). Als nächstes ist das Berufsgruppen-Modell auf politische Parteien zu beziehen.

4.5. Politische Parteien

(81) Die Parlamentsparteien bzw. ihre Delegierten für Parteitage und Wahlkreiskonferenzen leiten die Abgeordneten in die Parlamente. Jedem Parteimitglied ist die Wichtigkeit der Delegiertenwahl deutlich vor Augen zu führen: durch Hinweis *„seinesgleichen / ihresgleichen wählen!“* Weil Delegierten ihrerseits, von Ausnahmen abgesehen, nicht nur die Parlamentskandidaten, sondern auch die Arbeitsgremien und Vorstände der oberen Parteigliederungen wählen, ist das Berufsgruppen-Modell auf die Zusammensetzung der Parteitage und Wahlkreiskonferenzen ebenfalls zu beziehen.

(82) Die höheren Parteigliederungen bauen sich durch Delegiertenwahlen auf (Parteitage, Wahlkreiskonferenzen). Von Mitgliedern des Vereins/ Verbands werden die Ergebnisse gesammelt und in Computer eingespeist. Da die Computer der Kreisvereine mit denen der Bezirks- und Landesverbände verbunden sind und zudem eine direkte Verbindung zum Computer des Bundesverbands besteht (5), kann jede Parteigliederung auf Kreiscomputern durchsichtig dargestellt werden. Für diesen Zweck sind Daten, die ja - parteigetrennt - nach Kreis, Bezirk, Land und Bund eingespeist wurden, vom Zentralcomputer abzurufen. Das heißt, die Daten, etwa die der Parteitagsdelegierten eines Kreises, Bezirks oder Bundeslandes, werden von Computer zu Computer fernübertragen.

(83) Der Aufbau der oberen Parteigliederungen soll partei- bzw. volksrepräsentativ werden. Zum einen müsste dafür die Zahl aller Berufstätigen in der Gesamtbevölkerung bekannt sein, zum andern die in jeder Berufsgruppe (74). Weil sich die Zahlen in der Privatwirtschaft schwer ermitteln lassen, sollten jene des Öffentlichen Dienstes (72) auf die Gesamtbevölkerung übertragen werden. Wenn z.B. von drei Millionen Beschäftigten des Öffentlichen Dienstes vierzig Prozent in der Ersten, dreißig Prozent in der Zweiten, zwanzig Prozent in der Dritten und zehn Prozent in der Vierten Berufsgruppe wären, dann sollte diese Aufteilung, aus Vereinfachungsgründen, auf die etwa vierzig Millionen Berufstätigen der Gesamtbevölkerung übertragen und vor den Delegiertenwahlen (Hauptversammlungen, Parteitagen, Wahlkreiskonferenzen) bekannt gegeben werden, und zwar als Wahlorientierung. Der reale Prozentsatz der Akademiker im Öffentlichen Dienst ist höher als der in der Privatwirtschaft. Bei einem Aufbau der oberen Parteigliederungen (und gesetzgebenden Parlamente)

nach den Zahlenverhältnissen des Öffentlichen Dienstes wären die Dritte und Vierte Berufsgruppe nicht benachteiligt. Die leichte Benachteiligung der Ersten und Zweiten Berufsgruppe könnte wegen der derzeit großen Benachteiligung toleriert werden (75).

(84) Für die Berechnung der tatsächlichen Prozentsätze sind immer neueste Zahlen des Statistischen Bundesamtes bzw. der Statistischen Landesämter heranzuziehen, die in jedem Büro des Vereins/Verbands nach Kreis, Bezirk, Bundesland zu unterteilen sind. Die Veröffentlichungen des Statistischen Bundesamtes und der Statistischen Landesämter kann jeder interessierte Bürger anfordern (für Niedersachsen: Personal im Öffentlichen Dienst am ..., Band 412, Niedersächsisches Landesverwaltungsamt Statistik, Schriftenvertrieb, Geibelstraße 65, Hannover).

(85) Vor einem Parteitag werden die Daten der Delegierten vom Computer abgerufen und mehrfach ausgedruckt. Ein oder zwei Mitglieder des Vereins/Verbands gehen zum Ort des Parteitags. Dort sollen sie nicht nur die neuen Wahlergebnisse aufzeichnen. Auch sollen sie, das ist wichtig, jedem Delegierten einen der Computerausdrucke geben (oder entsprechenden Datenträger), natürlich vor den innerparteilichen Wahlen. Auf jedem Computerausdruck (Datenträger) stehen alle Delegierten des gerade stattfinden Parteitags, und zwar mit Name, Berufsgruppe, Parteiamt, Abgeordnetenmandat sowie Amts- und Mandatszeiten. Zudem stehen auf jedem Computerausdruck - mit der Wahlempfehlung *„seinesgleichen / ihresgleichen wählen"* (81) - die Wahlergebnisse vom vorangegangenen Parteitag (in Verbindung mit der erwähnten Prozentaufteilung (83). Mit diesen Ergebnissen können die Delegierten das frühere Wahlverhalten ggf. korrigieren. Weil zumindest in den Volksparteien Angehörige der Ersten und Zweiten Berufsgruppe die absolute Mehrheit stellen, reguliert sich alles weitere von selbst. In jedem Fall sind die Wahlergebnisse anzuerkennen: Die Delegierten sind in die Wahl wissend gegangen!

(86) Als Ziel muss natürlich gelten, dass die Parteien die Daten aller Delegierten am Ort des Parteitags selbst präsentieren: auf großen elektronisch gesteuerten Schautafeln - für jeden Delegierten gut lesbar.

(87) Unser Vorgehen begründen wir wie folgt: Die innerparteilichen Wahlergebnisse sind von hohem öffentlichen Interesse. Dass sie zurückgehalten werden, ist laut Datenschutzgesetz nicht erlaubt (§ 24 BDSG). Die Parteien sind verpflichtet, sie selbst zu veröffentlichen (jeder Interessierte könnte sie anfordern (§ 6(3) Parteiengesetz)). Ihre Vorstände aber richten sich verspätet und unzulänglich danach. Zwar erscheinen Wahler-

gebnisse auch in Zeitungen, jedoch unvollständig und zerstreut. Alle Veröffentlichungen haben derzeit keinen innerparteilichen Wert.

(88) Die gegenwärtigen Verhältnisse zeigen: Vor innerparteilichen Wahlen fehlen fast allen Delegierten wichtige Informationen. Die einzelnen Delegierten kommen aus verstreuten Gegenden; sie kennen sich - von Ausnahmen abgesehen - untereinander nicht! Dennoch sollen sie - aus ihrer Mitte - fähige Personen für Parteiamt und Abgeordnetenmandat wählen, was allzu oft „blind" geschieht (notgedrungen folgt man Vorschlägen von Parteivorständen - ohne eigene Alternative). Wir fordern: innerparteiliche Demokratie!

(89) Fähige Parteimitglieder aus der Ersten und Zweiten Berufsgruppe bleiben in der Partei auf der Strecke. Die oberen Parteigliederungen liegen im Dunkeln. Eine Kontrollinstanz, die von außen einwirkt, ist dringend erforderlich.

(90) Auch der funktionelle Aufbau der Parlamentsparteien, der aus den Satzungen hervorgeht, muss durchsichtig dargestellt werden. Jede Gliederung hat eine eigene Satzung, die gegen die Bundessatzung nicht verstoßen darf. Da die meisten Parteimitglieder nur die Bundessatzung ihrer Partei erhalten, sind die gesetzlichen Grundlagen und Statuten aller Parteigliederungen zu sammeln, in Computer einzuspeisen und den einfachen Parteimitglieder anzubieten, wenn nötig mit Erklärungen und Hinweisen in leicht fasslicher Weise.

4.6. Der Abgeordnete

(91) Abgeordnete formulieren und erlassen Gesetze - nicht nur gerechte, sondern auch ungerechte! Das Bewusstsein des Gesamtarbeiters ist festgelegt (61). Wir fordern: Der einfache Abgeordnete sollte höchstens zwei Legislaturperioden (acht Jahre) im Parlament arbeiten. Spätestens danach sollte eine Rückstufung in seinen früheren Beruf und in nichtbezahlte Parteiarbeit erfolgen. Nur eine kleine Zahl von Personen, die sich für Minister-, Kanzler- und Präsidentenamt eignen und dafür gewählt wurden, könnten ein/zwei weitere Legislaturperioden im Parlament arbeiten. Durch Abbau des „Beförderungsstaus" bzw. Lebenszeitpolitikers" würde zusätzliche Motivation an der politischen Basis entstehen.

(92) Wir wenden uns gegen die weitverbreitete Ämterhäufung. Wir wollen die gleichzeitige Vorstandstätigkeit auf Kreis-, Bezirks-, Landes- und Bundesebene zurückdrängen helfen, ebenso das gemeinsame Wahrnehmen

von Parteiamt, Ministeramt und Abgeordnetenmandat. Anti-demokratisch ist vor allem der Fraktionszwang! Vom einzelnen Abgeordneten verlangen wir, dass er keine Beraterverträge annimmt und auch sonst keine finanziellen oder materiellen Vorteile aus seinem Mandat zieht.

(93) Abgeordnete, die bezahlten Nebentätigkeiten nachgehen, sollten politisch mehr arbeiten. Entwürfe wichtiger Gesetze könnten in den Kreisverbänden der Parteien diskutiert und den Abgeordneten als Empfehlung mitgegeben werden. Auf diese Weise entständen ernstzunehmende Aufgaben in den Orts- und Kreisgliederungen der Parteien. Die Motivation von Parteimitgliedern würde zunehmen. Mit elektronischen Medien (Internet ...) könnten Gesetzesentwürfe gut transportiert werden.

(94) Wenn die Parlamente anteilsgerecht besetzt würden, dann könnte die Frage auftauchen, ob Personen aus der Ersten und Zweiten Berufsgruppe als Parlamentarier sich eignen. Tatsachen zeigen, dass jede Berufsgruppe fehlende Erfahrungen hat, dass Personen, die im Wohlstand leben, nicht notwendig gebildet sind und eine höhere Leistung erbringen. Diesbezüglich seien die *Partei-Hochschulen* und die parlamentarischen *Einführungs-Seminare* genannt, die weiter unten behandelt werden (106-107). Zudem sei betont, dass insgesamt nur zwei Abgeordnete pro Wahlkreis in Abständen von acht Jahren für den Bundestag erforderlich sind!

5. Gesamtarbeiter und Weltmarkt

(95) Als Gesamtarbeiter (50) tritt unsere Gesellschaft auf - auf dem gemeinsamen Weltmarkt, wo andere Gesamtarbeiter ebenfalls auftreten und sowohl Waren als auch Arbeitskräfte untereinander austauschen. Der Wert der Waren und Arbeitskräfte ist verschieden. Die einen bieten Industriewaren an wie Autos, Elektronik, Waffentechnik, die anderen Naturwaren wie Erz, Kaffee, Zitrusfrüchte usw. Zur Produktion von Industriewaren sind lange Ausbildungszeiten und moderne Maschinen erforderlich, zur Produktion von Naturwaren jedoch nicht. Industriewaren können ohne Naturwaren (Erz usw.) nicht produziert werden, Naturwaren aber ohne Industriewaren. Die Höhe der Preise für Naturwaren wird von den Industrieländern mehr bestimmt!

(96) In Entwicklungsländern werden Industriewaren von Mitgliedern der oberen Schichten konsumiert, die an Hochschulen in Industrieländern ausgebildet wurden und in ihrem Land denselben Lebensstandard wünschen. Hochwertige Industriewaren aber (Autos, Elektronik, Kliniken usw.) müssen teuer bezahlt werden, auch mit Nahrungsmitteln, die ihre

Landsleute produzieren und für sich selbst benötigen.

(97) Wir wissen: In Entwicklungsländern sind Förderanlagen für Naturwaren (Öl, Erz usw.) von Kapitalgebern aus Industrieländern aufgebaut worden. Mehrheitlich gehören diese Anlagen ihnen. Auch wissen wir, dass Kapitalgeber aus Industrieländern auf Regierungen in Entwicklungsländern einwirken, sie gegen innere Aufstände stützen. Verwunderlich ist es nicht, dass die militante Strömung des Islam, die sich als Speerspitze der Dritten Welt versteht, mehr und mehr erstarkt. Sie schaltet das Bewusstsein von „Gläubigen“ gleich, bereitet „heilige“ Kriege so vor.

(98) Die Wirtschaftspolitik vieler Entwicklungsländer wird von Geldgebern des Nordens bestimmt, von Weltbank und Internationalem Währungsfonds, dem die Bundesrepublik Deutschland ebenfalls angehört. Allein die Zinslast ist eine nicht mehr tragbare Bürde für viele Länder. Nicht nur in Afrika ist erkennbar: Völker geraten ins Wandern, erhöhen den Einwanderungsdruck auf Länder des Nordens. Projekte in Entwicklungsländern und gerechte Außenwirtschaftsgesetze könnten den Druck mindern. Einseitiges Arbeiten reicht nicht mehr aus (3).

(99) Wo die Not am größten ist, werden die meisten Kinder geboren! Millionen sind ohne Zukunft, hungern und verhungern angesichts einer reichen Welt. Doch die Kinder sind Zukunftsträger unserer Welt. Die Erwachsenen schulden ihnen das Beste, das sie zu vergeben haben! Geldspenden allein reichen nicht mehr aus.

(100) Wer Menschen und Völker beherrschen will, muss ihre Einnahmen schmälern und ihre Abhängigkeiten erhöhen. Zwecks politischer Interessen unterstützt man korrupte Regierungen, nimmt an Kriegen teil (Nordafrika, Naher Osten, Südwestasien). Auch wird an Waffen und Zerstörung verdient. Verdeckte Kriegsziele sind Öl, Erz, Militärbasen. All dies lassen Gesetze zu.

(101) Der Gesamtarbeiter Bundesrepublik Deutschland sollte gerecht sein, sowohl nach innen als auch nach außen, gleich der gerechten Person gegenüber anderen, auch schwächeren Personen. Ein gerechter Gesamtarbeiter Bundesrepublik Deutschland hilft der armen Welt mehr als alles andere! Das sei erneut betont.

6. Träger politischer Bildung

(102) Wir wollen weniger emotionalisieren als Vernunftkräfte ansprechen! Doch die tiefsten Bedürfnisse liegen im Gefühlsbereich, lassen sich durch

Luxus nicht befriedigen. Die Solidarität mit Armen und Unterdrückten, die Hinwendung zu sowohl einfachen als auch übergeordneten Entwicklungsaufgaben geben Lebenssinn und tiefe Befriedigung.

(103) Nicht nur kleine kommunale Angelegenheiten (Bauen, Wohnen, Straßenführung) sollte die politische Basis sehen (52). Denn die Missstände, die sich im kommunalen Bereich zeigen, werden durch obere Partei- und Mandatsstrukturen, durch Gesetze und Gesetzeslücken verursacht. Doch in allen Orten ist es wohl dasselbe: Die politische Basis ist mit Nebensächlichem beschäftigt. Man ist geneigt zu sagen: Die politische Basis wird von Abgeordneten, die doch vor Ort greifbar nahe sind, durch in Jahre erlernte Diplomatie, durch geschickte Rede (nach dem Mund reden), durch „gutes“ Aussehen und Auftreten bewusst ruhig gestellt. Wir meinen: Ein größerer Teil der politischen Basis sollte sich für Parteistrukturen interessieren, aber auch für Partnerschaften mit entwicklungsfähigen Auslandsregionen.

(104) Wir wollen Mitglieder der Gemeinde- und Stadtparlamente ansprechen, in Sachen politischer Bildung stärker als bisher in die Öffentlichkeit hineinzuwirken. Wir erhoffen uns dadurch finanzielle Mittel für Seminare, Partnerschaften, Büchereien usw. In kleinen Orten fehlen Büchereien, und wo sie vorhanden sind, fehlt neben „Schöngeistigem“ und Kinderbüchern die politische Literatur ganz und gar.

6.1. Schule, Hochschule und regulative Partei

(105) Politisches Bewusstsein entwickelt sich in Schulen, wo unser Anliegen zu wenig berücksichtigt wird. Wir sind bemüht, mit Stellen der Lehrerfortbildung zusammenzuarbeiten. Lehrern bieten wir Informationen über Funktion und Aufbau der Parteien an. Weil auch die Erwachsenenbildung wichtig ist, streben wir eine Zusammenarbeit mit den Volkshochschulen an. Der gesetzlich geregelt Bildungsurlaub lässt sich nutzen.

(106) Laut Grundgesetz sind die Parteien an der politischen Willensbildung beteiligt (Art. 21 GG). Sie sollen Personen aus dem Volk in die Staatsführung bringen und den Politiker von morgen bilden, Personen, die das Wichtigste der Gesellschaft - die Gesetze - erlassen. Zu fordern sind deshalb *Partei-Hochschulen* (Zweige an bestehenden Hochschulen) mit mindestens zweijähriger Studienzeit, bei voller Absicherung der Studierenden. Die Auswahl sollte unter Mitwirkung des Vereins/Verbands erfolgen, in dessen Kreisgliederungen! Bewährte Personen aus Berufsgruppen, die in Parlamenten nicht vertreten sind, sollten vorrangig zuge-

lassen werden. Die Aussicht auf ein Studium würde einerseits motivieren, andererseits das Berufspolitikertum schwächen, das zum „Beförderungsstau“ und zur politischen Verdrossenheit beigetragen hat (67).

(107) Im Gesetzgebungsprozess arbeiten Abgeordnete mit Beamten der Ministerialbürokratie zusammen, die nicht ohne politische Interessen sind. Für Neuabgeordnete sollten deshalb *Einführungs-Seminare* eingerichtet werden, wo das Gesetzgebungsverfahren und der Umgang mit der Ministerialbürokratie sich einüben ließe (Pflichtteilnahme zwecks verzugsfreier und vollwertiger Parlamentsarbeit). Ausscheidende oder bereits ausgeschiedene Abgeordnete aller Parlamentsparteien könnten die Seminare leiten, nach Lehrplan und Lernzielkatalog. Beim Verband sollte die Kontrolle liegen, auch bezüglich der Partei-Hochschulen.

(108) Aus dem Verein/Verband könnte eine politische Partei hervorwachsen, zwecks *Regulation* im Gesetzgebungsprozess *(regulative* Arbeit, biologische Vergleiche/Aspekte, zweites Buch). Sowohl in Parlamenten als auch Ausschüssen finden Regulationen statt, nicht nur durch Gelder, Ämter, Privilegien. Auch wird die Gesetzgebung von außen beeinflusst. Am „Maßstab“ des Grundgesetzes könnten Gesetze auf Gültigkeit hin überprüft werden. Eine Öffentlichkeit, die über Mängel an Gesetzen informiert wäre, würde auf die Volksparteien sicherlich Druck ausüben. Mit einer *regulativen Partei,* deren Abgeordnete aus allen Berufsgruppen kämen, könnten Bildungsträger angeregt werden. Nicht so sehr Zuwachs von Wählerstimmen, vielmehr politisches Bewusstsein und ethisch angemessene Regulation sollten im Vordergrund stehen. Andere als regulative Aufgaben sollte die Partei nicht wahrnehmen. Andernfalls sollte ihre Gründung besser unterbleiben! Mit einer Partei aber könnte der Zufluss öffentlicher Gelder gesichert werden, auch für den Verein/Verband und seine Ideen.

6.2. Interessensgemeinschaften

(109) Unsere Gesellschaft braucht freie Initiativen. Die Bürgerinitiativen haben Grenzen des Wachstums aufgezeigt. Die Frauenbewegung hat auf patriarchalische Strukturen gewiesen. Die Friedensbewegung hat Risiken der Aufrüstung betont. Die Gruppen, die sich für Entwicklungsländer einsetzen, haben deutlich gemacht, dass wirtschaftspolitische Strukturen im Verhältnis der Länder untereinander zu Armut und Kriegen beitragen. Der Verein/Verband sollte Bürgerinitiativen und soziale Bewegungen auffordern, mit einem Teil ihrer Kräfte sein Anliegen zu unterstützen.

(110) Der Verein/Verband sollte zu Gewerkschaften Kontakt aufnehmen; denn Mitglieder der Ersten und Zweiten Berufsgruppe werden dort geschult. Unsere Vorstellungen von Demokratie sind Forderungen der Arbeitnehmer, liegen im Interesse der Gewerkschaften, die bei der Auswahl fähiger Parlamentskandidaten behilflich sein könnten. Daneben haben auch Unternehmer politische Anrechte. Jede Gesellschaft braucht freie Unternehmer, deren Interessen auch Arbeitnehmern zugute kommen!

(111) Die christliche Person wünscht sich ein friedliches Zusammenleben, auch unter persönlichen Opfern. Doch Spenden für Hungernde allein erfüllen die christliche Pflicht nur zum Teil, besonders dann, wenn Ursachen dafür in Strukturen liegen, die uns selbst ein gesichertes Leben ermöglichen. Diesbezüglich sollte man erkennen, dass sich Nächstenliebe vorrangig an Gesetzen zeigen muss. Der Christ hat nicht nur einen Anspruch auf Gerechtigkeit, sondern auch eine Pflicht zur Gerechtigkeit (42-49). Den politisch gesinnten Christen wollen wir besonders ansprechen.

Änderung und Inkrafttreten

(112) Änderungen des Grundsatzprogramms können nur mit drei Vierteln der stimmberechtigten Mitglieder der Mitgliederversammlung beschlossen werden.

(113) Das Grundsatzprogramm tritt am Tage der Eintragung des Vereins ins Vereinsregister in Kraft. (31. 08. 1989)

Die Mitgliederversammlung des Harburger Kreisvereins durchsichtige Parteien (e.V.) hat die Annahme des Grundsatzprogramms beschlossen.

Anmerkung

Das Grundsatzprogramm wiederholt Inhalte der Bücher von Bernhard Marxen, insbesondere Inhalte des zweiten und dritten Buches (mit einigen Veränderungen und Erweiterungen). Man möge die Wiederholungen tolerieren.

Die Bücher von Bernhard Marxen können bestellt werden in allen Buchläden oder im Internet, zudem direkt beim Verein durchsichtige Parteien (VdP e.V.), dem der Ethos-Verlag angehört. Die Internetadresse lautet: www.ethos-verlag.de

Von Bernhard Marxen liegen vor - als Beitrag zur Modellierung der Welt insgesamt (in dreißig Jahren erarbeitet und mehrmals überarbeitet):

1. Entwicklungslinien naturphilosophischen Denkens in der Auseinandersetzung zwischen Materialismus und Idealismus *(132 S., nur die aus 2008 stammende Auflage ist gültig)*

2. Modellsystem der realen Welt: Beitrag zur Synthese und Reduktion von Information *(interdisziplinär, 280 S., erste neue Ausgabe 2017)*
   - Welt als Information und Aufgabe
   - Gesetzlicher Zusammenhang der Welt

3. Die Aufgabe: Zum sittlichen Recht *(116 S., erste neue Ausgabe 2017)*

4. Weltweit denken - Ortsnah handeln: genetischer Eingriff an der kapitalistischen Gesellschaft *(176 S., nur die aus 2007 stammende Auflage ist gültig)*

5. Auf Wegen zum innersten Licht *(der Jugend gewidmet, 428 S., erste Auflage 2006)*

6. Die Religion Abrahams: Judentum - Christentum - Islam *(216 S., erste Auflage 2005)*

7. Entschlüsselte Religion: Epoche des „dritten Tags" *(64 S., Auflage 2013/2015, erste neue Ausgabe 2017, veralteter Titel: A-B-C der Religion)*

8. Gesetzlicher Zusammenhang der Welt *(76 S., erste neue Ausgabe 2017, siehe 2.)*

9. Meine Heimat sei gelobt: Geschehen am Waldsee *(36/64 S.,erste/erw. neue Ausgabe 2017)*

10. Allgemeine Statuten des Vereins durchsichtige Parteien (VdP e.V.): Satzung - Geschäftsordnung - Grundsatzprogramm *(48 S., erste Version 1989, neue - gemeinnützige - Version 2017)*

Die genannten Bücher stellen eine Einheit dar. Als Modellsystem sind sie zielgerichtet und in sich schlüssig - in naturgesetzlichen Zusammenhängen! Das **erste** Buch gilt als Grundlage für das **zweite**, auf dem das **dritte** bzw. **vierte** (reich bebildert) aufgebaut ist.

Das **fünfte** Buch - mit autobiographischem Anteil - ist die „Wurzel" der genannten Bücher. Es kreist um ein rätselhaftes Geschehen, das dem Autor vor Jahrzehnten widerfuhr. Weil alle Deutungen mangelhaft gewesen sind, hat er es verdrängt und vergessen. Unbewusst aber ist er den Weg gegangen, der ihm gewiesen wurde. - Er ringt um Erkenntnis, durchdringt Theorien und Philosophien. Politische Arbeiten folgen, theoretisch und praktisch. Nach langer Suche erst, im „fernen Land", erkennt er ein *Leuchtbild* und findet seine Seelenruhe.

Das **sechste** Buch ist ein Ausschnitt des **fünften**.

Das **siebente** Buch ist eine notwendige Ergänzung des **sechsten** und **fünften**.

Das **achte** Buch ist ein Ausschnitt des **zweiten** (siehe dort). Mit ihm erst ist das *Prinzip der kleinsten Wirkung* bzw. *des kleinsten Aufwands* neu erkannt und wegen seines natürlichen und universellen Charakters auf das 3. und 4. Buch bezogen worden - als *neues Paradigma* auch für Ethik, Politik bzw. Parteiarbeit. Die Ethik gehört, begrenzt, zur Naturwissenschaft.

Mit dem **neunten** Buch ist das rätselhafte Geschehen endlich entschlüsselt - auf Grund der kantschen „Kritiken". Übrig bleibt dennoch ein „Rest", der als Berufung gedeutet wird.

Dreistelliges Modellsystem (Subjekt - Modell - Objekt)

Die Kreise meinen die Bücher des Autors, die zusammen eine Einheit bilden und in sich schlüssig sind (Kreisgröße und Seitenzahl stehen in keiner Beziehung zueinander). Nur die Bücher 1, 2, 3, 4/10, 8/9 kennzeichnen das Modellsystem. Die Bücher 5, 6, 7 sind von religiöser Art, dem Modellsystem sind sie aber verhaftet.

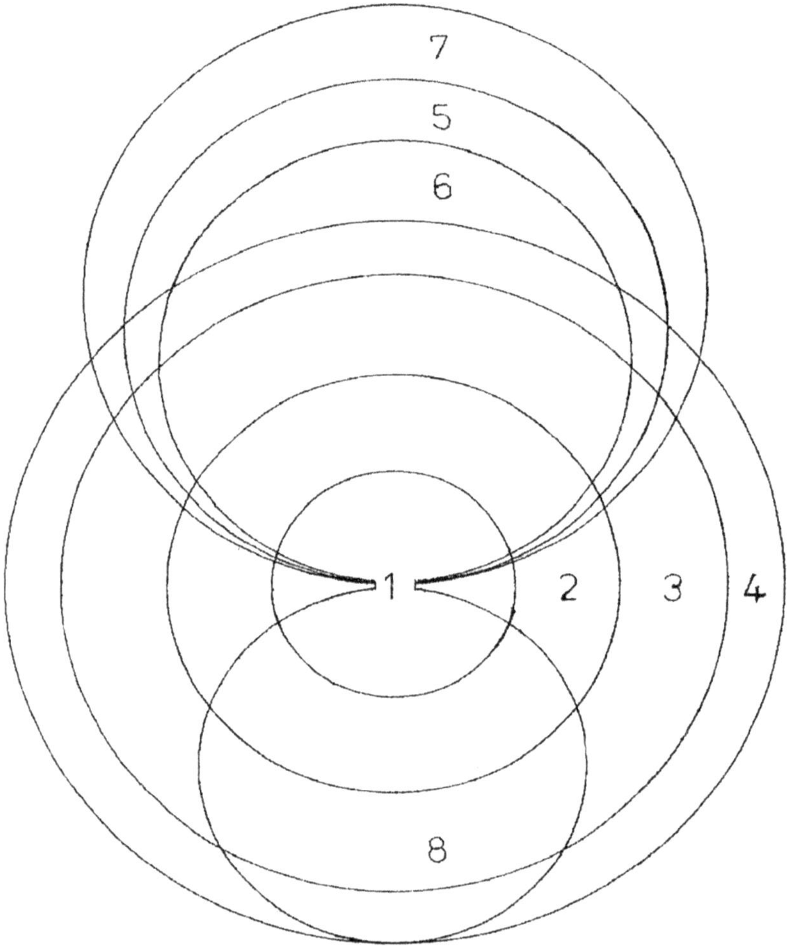

Die Bücher 1 bis 10 könnten *zweibändig* herausgegeben werden. Titel: „Vom Symbol der Bosheit zum Bewusstsein sittlicher Freiheit". Reihenfolge: 5 - 7 - 9 - 1 - 2 - 3 - 4 - 10 (das 8. Buch ist im 2. enthalten; das 6. Buch ist im 5. enthalten; das 10. Buch ersetzt die Statuten im 3. und 4.; die Seitenziffern eines jeden Buches sollten nicht verändert werden).

Das 9.* Buch (erw. Ausgabe) enthält Gedichte und Anmerkungen des Autors.